U0360870

知识图谱：方法、工具与案例

[奥] 迪特·芬塞尔(Dieter Fensel) 等著

郭 涛 译

清华大学出版社

北 京

北京市版权局著作权合同登记号　图字：01-2023-1868

Knowledge Graphs
by Dieter Fensel, Umutcan Şimşek, Kevin Angele, Elwin Huaman, Elias Kärle,
Oleksandra Panasiuk, Ioan Toma, Jürgen Umbrich and Alexander Wahler
Copyright © Springer Nature Switzerland AG, 2020
This edition has been translated and published under licence from Springer Nature
Switzerland AG.

图书在版编目(CIP)数据

知识图谱：方法、工具与案例 / (奥) 迪特·芬塞尔 (Dieter Fensel) 等著；郭涛
译. —北京：清华大学出版社，2023.6（2025.5重印）
　书名原文：Knowledge Graphs
　ISBN 978-7-302-63463-8

I. ①知… II. ①迪… ②郭… III. ①知识管理—研究 IV. ①G302

中国国家版本馆 CIP 数据核字(2023)第 084357 号

责任编辑：王　军
装帧设计：孔祥峰
责任校对：成凤进
责任印制：刘　菲

出版发行：清华大学出版社
　　　　网　　　址：https://www.tup.com.cn, https://www.wqxuetang.com
　　　　地　　　址：北京清华大学学研大厦 A 座　　邮　　编：100084
　　　　社 总 机：010-83470000　　　　　　　　邮　　购：010-62786544
　　　　投稿与读者服务：010-62776969, c-service@tup.tsinghua.edu.cn
　　　　质 量 反 馈：010-62772015, zhiliang@tup.tsinghua.edu.cn
印 装 者：三河市春园印刷有限公司
经　　销：全国新华书店
开　　本：148mm×210mm　　印　　张：4.75　　字　　数：138 千字
版　　次：2023 年 7 月第 1 版　　印　　次：2025 年 5 月第 3 次印刷
定　　价：59.80 元

产品编号：099591-01

译者简介

　　郭涛，主要从事模式识别与人工智能、智能机器人、软件工程、地理人工智能(GeoAI)和时空大数据挖掘与分析等前沿交叉研究。担任《深度强化学习图解》《AI 可解释性(Python语言版)》《概率图模型及计算机视觉应用》等畅销书的译者。

译 者 序

　　知识图谱是一种图数据模型，以图的形式展现实体、实体属性以及二者之间的关系。知识图谱是一个典型的交叉技术领域，涉及人工智能、机器学习、计算机视觉、数据库、自然语言处理、物联网和互联网等技术。知识图谱并不是一个新的领域，而是一个由语义网络、本体论和知识工程与专家系统等随着时代变迁衍生出的领域，是人工智能符号主义流派的主要代表，主张智能的实现能模拟人类的心智，使用计算机符号记录人脑的记忆。2012 年，Google在解决搜索引擎时正式推出知识图谱；知识图谱天生是科学和技术的产物，含有系统工程的基因。该领域的技术要素主要涉及知识图谱的表示、存储与查询、获取与构建、融合、推理、问答和分析等方面。在学术界和工业界，基于此技术要素组合而成的知识图谱项目井喷式增长，相关企业纷纷建立了自己的知识图谱课题和项目。

　　知识图谱开创了人工智能的新范式，以数据驱动和知识驱动相结合，开启了下一代人工智能，实现了人与人、人与机器、机器与机器的协同协作。此外，知识图谱突破了传统的人工智能研究领域，从广泛的文本、结构化、视觉和时序等多模型数据中提取知识已成为知识图谱发展的主要方向之一，多模态知识图谱的构建可深度融合并灵活运用显式符号知识和隐式数据知识。将深度学习、图深度学习、迁移学习与元学习深度融合是知识图谱的发展趋势，可用于全类型、高涵盖的大规模知识图谱构建，实现更精深的知识推理，是通往鲁棒、可解释的人工智能之路。

　　Dieter Fensel 是语义网络研究的先驱之一，本书是其团队在知识图谱领域的主要成果之一。本书共 5 章,主要讨论了知识图谱的整个生命周期,知识图谱的概念、构建、实现、维护和部署、技术架构和未来工作的方向,可作为知识图谱、模式识别与人工智能和计算机视觉等方面的科学家、工程师的参考用书。

在翻译本书的过程中,我得到了很多人的帮助。对外经济贸易大学英语学院研究生许瀚、吉林大学外国语学院研究生吴禹林和吉林财经大学外国语学院研究生张煜琪对本书进行了审阅。最后,感谢清华大学出版社的编辑,他们进行了大量的编辑与校对工作,保证了本书的质量,使其符合出版要求。

由于本书涉及的广度和深度较大,加上译者翻译水平有限,在翻译过程中难免有不足之处。若各位读者在阅读过程中发现问题,欢迎批评指正。

郭　涛

推 荐 序

为帮助读者更好地理解知识图谱的作用，下面讲述一个故事，故事的主人公是 Manuel Sahli。

2005 年，Manuel Sahli 成为维基百科的撰稿人，并作出了重要贡献。他情系家乡——美丽的瑞士城市温特图尔。多年来，Manuel 精心编辑并持续更新一篇介绍温特图尔的文章，友好城市列表就是他的贡献之一。

大约在同一时间，另一位撰稿人在介绍加利福尼亚安大略省的文章中将温特图尔加入友好城市列表。安大略省位于洛杉矶以东，距洛杉矶约一小时车程。虽然友好城市理应反映的是某两个城市之间的相互关系，但这一信息从未出现在 Manuel 介绍温特图尔的文章中。

Manuel 虽然对有关温特图尔的所有事物都感兴趣，但在近十年，他都不曾知道这一增添内容。

2012 年，维基百科的姊妹项目 Wikidata 推出，这是一个任何人都可以编辑和使用的知识图谱。一段时间后，一位撰稿人使用维基百科上的安大略文章，在 Wikidata 上添加了安大略省的友好城市列表。

此后，Manuel Sahli 被选为温特图尔市议会议员。Manuel 想用 Wikidata 制作一张温特图尔的友好城市的地图，而 Wikidata 有一个强大的查询界面，允许在知识图谱上显示查询结果。令 Manuel 大吃一惊的是，地图上呈现了一个他不熟悉的地方：安大略省。

起初，Manuel 认为这是一个尚未被发现的破坏行为，但这一事实却源自安大略省政府的官方网站。Manuel 也的确在该网站上找到了温特图尔！作为市议会议员，他询问温特图尔市政府是否知道这一信息，对方都给出了否定答案。

Manuel 给安大略市政府写了一封正式信函，说明了相关情况。其后，出乎意料的是，安大略市政府给出了双方签署的文件，证明两市于 1982 年建立了友好城市关系。温特图尔市档案馆现已根据这些文件和准确日期找到相关文件。多亏了 Wikidata，温特图尔发现了它失散多年的第五个友好城市；从此，两个城市再续前缘，重新建立了友好关系。

没有人试图向 Manuel 或任何人隐瞒这一事实。温特图尔市档案馆存有相应文件(只是起初没有找到)；维基百科公布这一信息已长达近十年的时间；安大略省的官方网站上也有这一信息。然而即使 Manuel 对他的家乡和维基百科投入了很多精力，也并不了解此事。只有当信息被添加到 Manuel 可访问且知道如何查询的知识图谱时，真相才浮出水面。

将知识隐藏在文档和大量自然语言中太容易了，而在适当时候将其公开却很难。使用知识图谱，将能更方便地索引、处理和查找事实。

然而，Manuel 不仅有足够的兴趣发现这一事实，且能使用 SPARQL 查询语言查询 Wikidata，这完全是侥幸。大多数人其实都不知道该怎么做。

我们正在见证计算机使用方式的范式转变：通过自然语言与计算机交互的新生能力。这一转变的重要性不亚于以往分时系统、图形用户界面、Web 和智能手机的出现。对话界面已经存在了很长时间，就像任何新技术在被广泛采用之前都会先应用于专业领域一样。然而，所谓的智能助手正在迅速普及和发展，从手表到汽车，从电视到耳机，越来越多的设备都具备了听从命令和回答问题的能力。

越来越多的人使用智能助手获取知识来完成日常任务，且人数正在以惊人的速度增长。无论问题并不重要还是足以改变生活，为解决当务之急，我们将不再需要办公室、学校或图书馆中的传统计算机。没有人需要学习如何使用最新的智能手机功能，如何使用鼠标，甚至如何阅读和打字，因此，一个更具包容性的世界展现在人们眼前。

这种新的范式需要新的方式使人们加入新的数据空间，使潜在客户和消费者访问数据和服务，使人们发现并享受新方式所提供的东西。如果越来越多的人不使用应用程序和网站预订酒店、租车、购买机票、订午餐和查询信息，我们就需要确保了解用户的意图，并以允许集成和组合的方式提供数据和服务。这不是对未来的展望，而是我们已经建立的世界。不计其数的功能和服务已集成到 Google Assistant、Apple Siri、Amazon Alexa、开源 Mycroft、Microsoft Cortana、Samsung Bixby 中。

将理解用户查询所需的自然语言技术和在大型知识图谱中构建事实的能力相结合，我们就能在终端用户需要时为其传递知识。人们将能探询世界，能追随好奇心，能够学习。企业能将其服务和产品扩展到许多新客户。

本书对架构以及了解智能助手世界的步骤进行实践性概述，指导我们构建、发展并维护知识图谱。本书讨论如何用知识图谱表示组织中的重要事实以及如何使这些事实对其他供应商可用。

Dieter Fensel 是很早就认识到语义技术的潜力以及将服务组合成新颖界面的必要性的人士之一。他和他的研究小组在服务的语义描述、链接数据应用、本体工程以及学习方法和工具等领域处于领先地位。本书由 Dieter Fensel 和其团队研究人员共同编写，总结了他们多年的研究经验。

享受阅读这本书的过程吧！本书将帮助你更好地理解知识图谱的新领域以及使用方法。本书将使你和你的组织进入一个新世界。在这个世界中，你的档案和系统中已有的知识不会再被长久隐藏，你和用户都将能使用已有的知识，用户将获得更大的能力，你将获得新的收入来源，且再也不会失去一个"友好城市"。

Denny Vrandečić

作于美国加利福尼亚州旧金山

致　　谢

感谢 Andreas Harth 和 Aidan Hogan 对本书进行了富有成效、大有裨益的讨论和评论。感谢 MindLab 项目的所有参与者，本书总结了他们工作的精髓。[1]此外，我们与 2019 年 STI 知识图谱峰会的与会者(尤其是 Mark Musen、Juan Sequeda、Rudi Studer 和 Sung-Kook Han)进行了讨论，获得了极大帮助，受益匪浅。[2]最后，感谢 Andreas Lackner 作为探路者，帮我们在(蒂洛尔)电子旅游迷宫中寻找出路。

---

1 见[1]。
2 见[2]。

前　　言

Alexa 和 Google Home 等智能音箱将人工智能(Artificial Intelligence，AI)引入了数百万乃至数十亿个家庭，使人工智能渗透到人们的日常生活。现在，人们足不出户，或不使用电脑，也可查找信息、订购产品和服务。我们只需要和一个盒子说话，这个盒子会执行所需的任务，非常方便。这些新的沟通渠道为成功的电子营销和电子商务带来了新挑战。仅运行一个带有许多彩色图片的传统网站已不是最先进的技术了。如今的 Web 甚至也在通过应用 schema.org 进行自我改造。数据、内容和服务都有了语义标注，这使得软件智能体(即所谓的机器人)通过 Web 搜索了解其内容。需要人类浏览大量网站、手动提取并解释信息的时代已经过去。如今，用户通过他们的个人机器人来查找、聚合和个性化信息，还能预留、预订或购买产品和服务。因此，对于信息、产品和服务的供应商而言，在这些新的在线渠道中占据地位变得越来越重要，这可帮助他们确保未来可持续获益。本书讨论了有助于实现这些目标的方法和工具，核心是应用和开发内容、数据及服务的语义标注(可由机器处理)，以及它们在大型知识图谱中的聚合。只有这样，机器人才能不仅可理解问题，而且拥有渊博的知识以回答问题。

这些知识图谱，尤其是基于 schema.org 的知识图谱，在基于 Internet 的信息搜索中发挥着越来越重要的作用，已成为成功电子商务和电子营销的关键技术，并对与客户在线互动的经济部门的价值分配产生关键影响。知识图谱是另一种大规模的可扩展数据集成方法，而且很可能不是解决这一难题的最后一种方法。然而，这是我们第一次在全局范围内研究这个问题。在本书中，我们描述了一些方法和工具，这些方法和工具使信息供应商能构建和维护此类知识图谱。具体将介绍以下几个方面：

- 用于手动、半自动、自动构建和验证语义标注，并将其集成到知识图谱的方法和工具。
- 用于实施知识图谱的方法和工具。
- 基于生命周期的半自动和自动管理知识图谱的方法，包括评估、纠正和利用其他静态和动态资源蕴含的知识的方法。

仅是知识本身还不够，还必须可作为问题的潜在答案和对话的指导。

- 电子营销：通过推理方法和工具，我们可从知识图谱中为特定任务和领域得到基于对话的机器人。
- 电子商务：基于服务和产品的语义描述，可设计一个面向目标的对话，改进预留、租用、预订或购买商品和服务的过程。

为说明这些方法的实际用途，我们讨论了几个试点，重点是电子旅游领域。旅游业是全球最大的垂直行业之一，具有巨大的增长潜力。此外，旅游业也是欧洲前途良好的垂直领域之一，价值分配关键取决于在电子营销和电子商务方面的适当能力。潜在客户遍布世界各地，服务供应商也是分散的，大多数是小型企业(例如，蒂罗尔州的数万家小型家庭旅馆)。总的来说，我们关注以下几个方面：

- 集成来自开放、专有、异构和分布式源的内容、数据和服务描述。
- 高效地维护数据上下文(如出处、地理有效性和时间有效性)。
- 使用知识图谱引导对话。
- 集成静态源和动态源。
- 集成语义网络服务以促进操作和自动服务调用。

本书结构如下所述。第 1 章提供知识图谱的定义。我们的目标不是追求数学精度，而是试图涵盖有关其影响的各种方法。第 2 章详细介绍如何构建、实施、维护和部署知识图谱。第 3 章介绍可使用此类知识图谱构建的相关应用层。解释如何使用推理来定义此类图谱上的视图，使其能在开放和面向服务的对话系统中发挥作用。实践是最好的检验标准。第 4 章阐述知识图谱在电子旅游领域的应用以及在其他垂直领域的用例和试点。第 5 章对全书进行总结，并指出未来的研究方向。附录 A 为领域规范引入一种抽象语法和语义，用于使 schema.org 适应特定的领域和任务。

下载 Reference 文件以及 Links 文件

在阅读本书时，会不时看到诸如 "(Newell 1982)" 的引用内容；你可扫描封底二维码，下载 Reference 文件，从 Reference 文件查看引用详情。

本书脚注中多处涉及网页链接，形式是[*]，即方括号中间加数字编号。你可扫描封底二维码，下载 Links 文件，从 Links 文件查找与[*]对应的网页链接。

目　　录

第 1 章　引言：什么是知识图谱？ ……………………………………… 1

1.1　引言 ……………………………………………………………… 1

1.2　知识图谱的概念性定义 …………………………………………… 2

1.3　知识图谱的实证定义 ……………………………………………… 7

　　1.3.1　开放知识图谱 …………………………………………… 7

　　1.3.2　专有知识图谱 …………………………………………… 10

第 2 章　构建知识图谱 ………………………………………………… 13

2.1　引言 ………………………………………………………………… 13

2.2　知识创建 …………………………………………………………… 16

　　2.2.1　知识创建方法论 ………………………………………… 16

　　2.2.2　建模语言 ………………………………………………… 18

　　2.2.3　知识生成工具 …………………………………………… 24

2.3　知识托管 …………………………………………………………… 36

　　2.3.1　语义标注的收集、存储和检索 ………………………… 36

　　2.3.2　知识图谱的收集、存储和检索 ………………………… 39

2.4　知识管理 …………………………………………………………… 41

　　2.4.1　最大简单知识表示形式 ………………………………… 41

　　2.4.2　知识评估 ………………………………………………… 42

　　2.4.3　知识清洗 ………………………………………………… 53

　　2.4.4　知识丰富 ………………………………………………… 60

2.4.5 知识管理综述 ………………………………………… 71

2.5 知识部署：投入实用 ………………………………………… 72

第 3 章 使用知识图谱 ………………………………………… 81

3.1 引言 ………………………………………………………… 81

3.2 融合人工智能和互联网 …………………………………… 82

3.2.1 人工智能 60 年回顾 ……………………………… 82

3.2.2 Web(用于机器人) ………………………………… 83

3.2.3 小结 ………………………………………………… 91

3.3 知识访问层 ………………………………………………… 91

3.3.1 松散连接的 TBox 在知识图谱上定义基于逻辑的视图…92

3.3.2 动态数据和活跃数据：语义网络服务 …………… 96

3.4 开放和面向服务的对话系统 ……………………………100

3.4.1 开放的对话系统 …………………………………100

3.4.2 服务引导对话 ……………………………………105

3.4.3 小结 ………………………………………………107

第 4 章 为什么需要知识图谱：应用 ……………………………109

4.1 引言 ………………………………………………………109

4.2 市场 ………………………………………………………110

4.3 动机和解决方案 …………………………………………111

4.4 旅游用例 …………………………………………………117

4.5 能源用例 …………………………………………………122

4.6 更多垂直领域 ……………………………………………126

4.7 小结 ………………………………………………………127

第 5 章 结论 ……………………………………………………129

以下内容可扫描封底二维码下载

附录 A　领域建模形式的语法和语义 ················· 133

　A.1　领域规范的抽象语法和语义 ···················133

　　A.1.1　SHACL ············· 134

　　A.1.2　领域规范的概念描述 ············· 135

　　A.1.3　抽象语法 ············· 140

　　A.1.4　语义 ············· 143

第 1 章
引言：什么是知识图谱？

对于当今的许多企业而言，知识图谱至关重要：它提供结构化数据和事实知识，驱动许多产品发展并使其更加智能神奇(Noy et al. 2019)。

摘要　自从知识图谱由 Google 创立以来，这一术语近年来逐渐被广泛使用，却没有明确的定义。本章试图通过汇编文献中的现有定义，并结合先前为解决我们今天面临的数据集成挑战所付出的努力的独特性，来得出知识图谱的定义。我们将通过实证来调查现有知识图谱。本章提供了对某些概念和构建知识图谱动机的共同理解，为本书的其余部分奠定了基础。

1.1　引言

Alexa 和 Google Home 等智能音箱将基于人工智能(AI)的通信方式引入了数百万乃至数十亿的家庭，如今的 Web 甚至也在通过应用 schema.org[1]进行自我改造(Guha et al. 2016)。数据、内容和服务都有了语义标注，这使得软件智能体(即所谓的机器人)[2]通过 Web 搜索了解其内容。因此，对于信息、服务和产品供应商而言，在这

1　见[1]。
2　见[2]。

些新的在线渠道中占据有利地位变得越来越重要，这帮助供应商确保未来可以持续获益。

开发这种自动语音识别方法是开发自动对话系统的重要前提[3]。在自动语言理解方面的突破是依靠大数据[4]和机器学习(Goodfellow et al. 2016)完成的。但回答查询或运行面向目标的对话则需要更多技术。为给出有意义的答案，智能体需要知识。因此，Google 于 2012 年开始开发所谓的知识图谱[5]，这一知识图谱应该包含在 Web 或其他数据源中被语义标注的重要人类知识。同时出现了与知识图谱相关的炒作[6]。因此，我们有必要更好地理解知识图谱。我们使用互补方法处理这个问题。首先，我们尝试通过分析知识图谱的基本原理给出一个概念性答案。其次，我们对现有知识图谱进行了实证调查。

1.2 知识图谱的概念性定义

Ehrlinger 和 Wöß(2016)对知识图谱的潜在定义进行了有效简明的概述，说明了定义的变体。他们还基于本体和推理机获取新知识，为知识图谱添加了一个新定义。从我们的角度看，这个定义兼容性较差，过于关注特定方法。我们应该从知识图谱的潜在定义开始。从解释学上讲，可首先区分构成这个概念的两个术语，因为两个术语完全不相关。

"图是一种结构，相当于一组对象，其中一些对象对在某种意义上是相关的"[7]。严格地说，我们需要稍微将此定义扩展到多集，因为同一个对象在语法和语义上可在图上多次出现。规范化可解决这个问题，但这意味着要使用某些特定的处理技术。这个简单的定

---

3 见[3]。

4 见[4]。

5 A.辛格尔：介绍知识图谱、事物，而不是字符串。博客文章位于[5]。

6 仅以几本书为例(Chen et al.2016;Croitoru et al.2018; d'Amato 和 Theobald 2018; Ehrig et al.2015; Li et al.2017; Pan et al.2017a, b; Qi et al., 2020; Qi et al. 2013; Van Erp et al. 2017)。另见 Bonatti et al.(2019)。

7 见[7]。

义可向各个方向扩展，我们最终得到许多种图：简单图、无向图、有向图、混合图、多重图、Quiver、加权图、半边图、松边图、有限图与无限图等[8]。这令人想起 20 世纪信息系统领域的情况，当时"每个"新博士都为 Petri-Net 引入了一个新变体[9]：标记、着色、分级等。引用维基百科的介绍："Petri 网还有更多扩展，但重要的是要记住，随着 Web 在扩展属性方面的复杂性增加，使用标准工具评价 Web 的某些属性就越来越难。因此，对于给定的建模任务，最好使用最简单的 Web 类型。"[10]在语义网络领域，通常使用 RDF 表示知识图谱[11]。但仔细研究后会发现，通常情况下，RDF[12]更多地用于语法方面而非认识论或语义方面。例如，RDF 仅提供全局属性定义，人们通常希望将属性定义为具有特定范围的属性来定义它们的概念[13]。同理，RDF/OWL 语义将范围限制解释为一种推断新知识的方法，而不是使用它们检测类型错误。RDF/OWL 语义不一定是 schema.org[14,15]中范围定义的预期含义。

　　"知识"的概念有点模糊。我们回到 Newell(1982)所说的知识水平。假设智能体遵循理性原则；该原则后来细化为有限理性概念(Simon，1957)，包括"最优"决策的成本。基于该假设，我们认可知识，理解知识为实现某些目标而采取的行动。从这个意义上讲，知识由观察者从外部分配给这一智能体。在内部，知识在符号级别被编码。

　　知识层之下是符号层。知识层是面向世界的，即知识层涉及智

　　8　见[8]。参见 Angles 和 Gutiérrez (2005)关于图和模型的综述。

　　9　见[9]。另见 Reisig(2013)。

　　10　见[10]。

　　11　请参阅 Angles 和 Gutiérrez (2008)有关图数据库的概述。

　　12　见[12]。

　　13　Hayes (1981)和 Patel-Schneider (2014)。Guha et al. (2016)已通过多态性扩展了 RDF，schema.org 中的大量子属性试图避开 RDF 的这一瓶颈。另见 Patel-Schneider(2014)。

　　14　见[14]。

　　15　假设 human 类和 birthPlace 属性具有范围 City。如果 RDF/OWL 推理机发现语句 {birthPlace(domain:Human,range:City, human (Hans),birthPlace(Hans) "Austria"}，则推断 Austria 是一个城市，而不会出现识别范围错误。另见 De Bruijn et al.(2005)、Patel-Schneider 和 Horrocks (2006)。

能体操作所在的环境，而符号层是面向系统的，因为符号层包括智能体可用于操作的机制。知识层使智能体的行为合理化，而符号层使智能体行为机械化(Newell 1982)。

可用类似的思路解释知识图谱。智能体通过解释图来拥有/生成知识，即将其元素与所谓的现实世界对象和动作相关联。此外，图是一种特定的编码形式。为进一步完善定义，我们可能希望将图置于逻辑或认识论层面，而不是实现层面(Brachman 1979)。在实现层面，我们掌握基于图的数据库等方法。

语义网络是 20 世纪 60 年代和 70 年代流行的知识表示形式(Brachman 1990；Sowa 1992)。一方面，将知识图谱与语义网络区分开来并不简单。[16]另一方面，二者明显的区别在于它们的实际规模以及知识图谱的潜在影响。规模很重要，数量也可产生新品质，即使没有人能确定新品质产生时的确切数字(Hegel 1812)也同样如此。与此相关的一个问题是区分知识库和知识图谱。根据 Akerkar 和 Sajja(2010)所言，基于知识的系统由两部分组成：包含知识的知识库，和可用于推理新事实或在知识库上回答问题的推理引擎[17]。知识库的另一个重要特征是 ABox 和 TBox 之间的区别，参见 Brachman 和 Schmolze(1985)。断言框(assertion box，ABox)包含一组断言/事实陈述。严格分离的术语框(terminological box，TBox)定义了 ABox 语句使用的术语，并使用该术语添加了更通用的逻辑公式。TBox 提供了无限多潜在附加事实的内涵定义(由推理引擎得出)。知识图谱可能具有完全不同的架构和结构。逻辑公式缺失，术语"知识"与"断言"被存储在同一层。也就是说，只是几个额外断言，有些图甚至在没有这些额外断言的情况下工作。这将导致两个后果：

(1) 知识图谱几乎无法用于理解其他信息。在基于 schema.org 的知识图谱中，通常是一个简单工具(如 Google 的结构化数据测试

---

16 见[16]。

17 这些事实并非真正意义上的"新"，而是通过使用逻辑公式从内涵定义推导出来的，其中逻辑公式隐含内涵定义。

工具[18])用于强制约束有效图谱。

(2) 可使用严格定义的模式来定义用户界面，以确保数据质量(正确性和完整性)，并允许优化存储、查询、维护和交易。这些是关系数据库成功的关键因素(Codd 1970)。然而，当需要集成来自各种半结构化、异构和动态源的数据时，这种严格的模式定义也会带来严重的瓶颈。严格定义的结构化、同质和稳定模式的假设被破坏，使此类数据集成无效且不可扩展。因此，知识图谱在这方面没有传统数据库或知识库严格，这不是一种错误，而是知识图谱的一个特点。

2012 年，Google 创建了知识图谱(Knowledge Graph)一词，从而为世界构建一个模型。同时，知识图谱也已成为产品和服务行业广泛讨论的术语。一般来说，旅游业[19]未必是最具创新性的领域，但其中每个主要参与者都有一个知识图谱，成千上万的参与者(例如目的地管理组织)都需要或想要一个知识图谱。这是因为成功的电子营销和电子商务对于旅游业等领域的价值分配变得越来越重要。一般来说，当前知识图谱的动态来自经济部门，而非学术界。因此，一个简单的知识图谱定义可能是：知识图谱是一个用于描述和指导当前的数据(和服务)集成问题的流行术语。这不是解决"知识图谱定义"难题的第一种方法，也不会是最后一种。然而，这是我们第一次在全球范围内解决这个问题。

知识获取瓶颈(参见 Feigenbaum 1984；Hoekstra 2010)导致了大约 40 年前的 AI 寒冬[20]。看到数百万人破解知识图谱(即语义网络)中的数十亿条语句来解决 AI 寒冬问题是一种有趣的经历(Fensel 和 Musen 2001)。如果我们在 1980 年前后提出这个解决方案，人们会立即将我们赶出大学。即使是 Douglas Lena(Lenat 和 Guha 1989)提出的依靠 50 名员工生成解决方案的愿景，与这个解决方案相比也显

18　见[18]。

19　请注意，旅游业是全球范围内最重要的经济垂直领域之一，占 2017 年全球 GDP 和总就业人数的 10%左右(WTTC 2018)。

20　见[20]。

得微不足道。同时，我们有一个基于 schema.org 语义网络，托管超过 380 亿条语义语句，用于超过 12 亿个 Web 站点。[21]

尤其令人惊奇的是，这些操作是在事实层面上完成的，而非通过捷径使用一阶逻辑表达式表达潜在数十亿条语句完成的。知识库是通过写下数十亿个事实建立的。列举事实的方式就像扩展描述一个集合，而非采用集中方式。就像用归纳法来代替证明，先证明 1，然后证明 2、3，以此类推。也许这只是由于知识图谱处于早期发展阶段？也许将由机器接管这项任务。不幸的是，机器可能不会使用逻辑，并可能产生我们不再能理解的捷径。同样，机器和深度学习方法将越来越多地用于知识图谱的构建、改进和丰富(Paulheim 2018a)。考虑到规模、异质性、半结构化特征和速度，LarKC 项目旨在语义网络上应用推理，该项目已深入研究了各种组合归纳和演绎技术的方法；可参见 Fensel 和 van Harmelen(2007)、Fensel et al.(2008)。传统逻辑的基本假设具有小公理集、100%正确性、100%完整性以及知识静态特征，在 Web 或大型知识图谱规模下被打破。事实上，Wahlster 在他的最近一次演讲中指出，如何适当结合归纳方法、演绎方法和基于知识的方法是未来人工智能研究的一个关键挑战。[22]这一点尤其适用于物联网的研究。物联网是由物理设备、车辆、家用电器等其他物品组成的网络，这些物品嵌入电子设备、软件、传感器、制动器以及连接性，连接性使这些物品能连接、收集和交换数据，并开始在虚拟世界以外发挥作用。[23]

总之，知识图谱是一个非常大的语义网络，集成了各种不同的信息源，以表示关于某些领域的知识。下面将讨论如何构建和使用

---

21 Web 数据共享——RDFa、微数据、嵌入式 JSON-LD 和微格式数据集，2017 年 11 月。见[21]。Guha et al.(2016)称，在 100 亿个 Web 样本中，有 31%的 Web 正在使用 schema.org。最新的抓取报告显示，超过 300 亿个 quad 发现超过 37%的语义标注网站，包含大约 32 个付费级别的域。见[21]。

22 Wahlster 教授在 30 Jahre DFKI—KI für den Menschen 活动上的主题演讲：30 Jahre DFKI—Von der Idee zum Markterfolg，柏林，2018 年 10 月 17 日。

23 见[23]。

知识图谱。[24]

1.3 知识图谱的实证定义

下面概括介绍开放和专有知识图谱的定义和重要特征图谱(参见 Paulheim 2017)。[25]方法按照其首次发布年份排序。

1.3.1 开放知识图谱

对语义网络和链接数据的研究导致许多开放数据集最终组成了链接开放数据云(参见 2.5 节)。现在,这些数据集大多被重新命名为知识图谱。这些知识图谱通常是跨领域的。许多开放知识图谱都来自维基百科,因为维基百科涵盖了多个领域中的大量事实知识。一些知识图谱在构建过程中也受益于非结构化语料库、词典、本体和众包。在本节中,将介绍一些著名的开放知识图谱。

DBpedia[26](Auer et al. 2007;Lehmann et al. 2015)是在 2007 年首次发布的知识图谱,是语义网络真正的中心数据集(也称为"核"),因为它链接到其他许多数据集。该知识图谱主要通过提取器从维基百科页面(主要是信息框)上的结构化数据中提取,可调整提取器以提取不同类型的数据。DBpedia 知识图谱建立在众包维护的 DBpedia 本体(在 OWL 中指定)之上,该本体从维基百科的信息框元数据映射而来。该知识图谱按照语义网络标准,作为 RDF 转储和 SPARQL 端点发布。DBpedia 是定期发布的,但也提供与维基百科同步的实时端点。[27]2016 年 10 月发布的版本包含 130 亿个 RDF 三元组。DBpedia 本体包含 760 个类和大约 3000 个属性。[28]DBpedia 可应用

---

24 也可将其称为 Fensel et al.(1997)提出的知识网络。
25 可参见 Noy et al.(2019)了解有关 Bing (Microsoft)、eBay、Facebook、Google 和 IBM Watson 的知识图谱的详细信息。
26 见[26]。
27 见[27]。
28 见[28]。

于许多领域，如自然语言处理以及知识探索和丰富。

Freebase[29](Bollacker et al. 2008)是 2007 年推出的协作知识库。运营 Freebase 的公司在 2010 年被 Google 收购，此后，该知识库改进了 Google 的知识图谱。2016 年，Google 关闭了 Freebase，其知识已逐渐纳入 Wikidata。最新的转储包含 19 亿个事实。[30]Freebase 具有自定义数据模型，支持局部属性。

YAGO[31](Suchanek et al. 2007；Hoffart et al. 2013；Mahdisoltani et al. 2015)是另一个基于维基百科内容构建的知识图谱，于 2008 年首次发布。YAGO 融合了从维基百科文章中提取的实体与 WordNet 同义词集，以丰富类型层次结构。YAGO 和 DBpedia 之间的主要区别在于，YAGO 本体仅提取少量关系，并专注于保持知识图谱高度紧凑、准确和一致。YAGO 的形式使用 RDFS 的扩展版本。YAGO2 使用地理空间和时间信息改进初始知识库，YAGO3 专注于多语言，并集成了来自 Wikidata 的数据。YAGO 目前包含 1.20 亿个事实和 35 万个类。[32]

NELL[33](Carlson et al. 2010；Mitchell et al. 2018)基于 5 亿个 Web 站点，利用机器学习方法构建跨领域知识库。它使用预定义的初始本体来确定需要从 Web 中提取的关系类型。NELL 智能体持续运行，并通过创建新事实和删除过时错误的事实来不断改进知识库。NELL 智能体从 2010 年开始运行，知识库目前包含超过 270 万个事实。[34]NELL 知识库使用简单的基于框架的形式，可用作一个大的制表符分隔值文件。有研究人员将 NELL 数据模型映射到 RDF 和 OWL(Giménez-García 2018)。

---

29 见[29]。

30 见[30]。

31 见[31]。

32 见[32]。

33 见[33]。

34 最后访问时间：2019 年 8 月。NELL 提取了数百万个观点，但"事实"只是置信度值高于 0.9 的观点。

Wikidata[35](Vrandečić 和 Krötzsch 2014)是一个由社区策划的知识图谱，是维基百科的姊妹项目，于 2012 年启动。Wikidata 与 DBpedia 相似，都以维基百科的知识为基础，但 Wikidata 也可由社区成员编辑。事实上，Wikidata 和维基百科可能具有双向关系，这意味着来自 Wikidata 的事实也可用来丰富维基百科中的文章。Wikidata 的主要特点是其关注数据的出处和上下文。例如，一个城市的人口不仅以二元关系给出，而且带有上下文信息，例如"根据某个统计机构的测定结果"。Wikidata 有一个自定义的数据模型，支持限定符和上下文信息，但也提供到 RDF 和 OWL 的映射(Erxleben et al. 2014)。为访问知识图谱，Wikidata 提供了 RDF 转储和 SPARQL 端点；但由于数据模型支持 n 元关系，因此查询更复杂[36]。知识图谱包含超过 6500 万个实体。[37] RDF 表示在 2019 年 8 月包含超过 70 亿个三元组。[38]

KBpedia[39](Bergman 2018)知识库包含到维基百科、Wikidata、schema.org、DBpedia、GeoNames、OpenCyc 和 UMBEL 的映射。它的主要目的是通过为机器学习启用训练集生成等方式支持人工智能应用程序[40]。该知识库于 2016 年启动，于 2018 年开源。KBpedia 使用 OWL 2 形式发布，在其基础模型中包含 55 000 个概念、5000 个属性和 70 个基本分离的类型，以简化知识库的模块化。该知识库声称拥有 98%的 Wikidata 涵盖率，因此包含 4500 万个实例。[41]

Datacommons.org[42]是 Google 于 2018 年推出的开放知识图谱，集成了多个公共资源，主要包含关于地理和行政区域、人口统计数

35　见[35]。

36　可通过在"真实图"上编写查询来解决复杂性；见[36]中的示例。

37　见[37]。

38　COUNT SPARQL 查询的结果见[38]。关于语句数量的统计显示，2018 年 4 月，Wikidata 包含超过 4 亿个语句(Malyshev 2018)。这种巨大差异是因为 Wikidata 中的一个语句可用多个 RDF 三元组表示，因为需要具体化。

39　见[39]。

40　见[40]。

41　2.10 版本。

42　见[42]。

据以及其他公开可用数据(如天气和房地产)的知识。关于该知识图谱形式和大小的信息并不公开；但事实以三元组形式表示，每个事实都附有出处值。另一个显示其形式的迹象是，它使用 schema.org 词汇表来描述事物，并略微扩展了词汇表。该知识图谱不提供转储，但可通过浏览器界面和 Python API 访问知识图谱。

1.3.2　专有知识图谱

多个公司已经开发了各种知识图谱来支持客户的应用程序。在本节中，我们将简要介绍其中一些知识图谱及其用途。

Cyc[43](Lenat 和 Guha 1989；Lenat 1995)是持续时间最长的 AI 项目之一，也是一个常识性知识库，最初发布于 1984 年。Cyc 知识库包含 150 万个概念、2000 万个通用公理，以及针对医疗保健、交通和金融服务等领域的扩展。Cyc 的内容由 Cyccorp 策划，但在必要时会采用工具和方法从外部资源中检索知识。知识库用 CycL 语言表示，这是一种基于框架的语言，其表达能力超越一阶逻辑。[44] Cyc 借助微观理论(Guha 1991)，可进行有效推理，并避免大型知识库中可能出现的不一致。知识库包含从一般知识(如"原因在其影响出现时或出现前开始")到高度领域特定知识(如股票价格)的各种知识。Cyc 知识库和支持应用程序是专有的；但可获得非商业用途的研究许可。2017 年前，Cyc 的一个片段以 RDF 格式发布作为 OpenCyc 供公众使用，但 2017 年后已不再发布。

Facebook 的 Entities Graph[45]由 Facebook 维护，并用于内部支持图搜索功能。Entities Graph 最初于 2010 年推出，包含有关 Facebook 用户的知识，即用户个人资料信息、兴趣和人际关系。该知识图谱可通过 Facebook Graph API 访问，包含 5 亿个事实(Noy et al. 2019)。

43　见[43]。
44　2019 年 2 月的技术报告，见[44]。
45　见[45]。

Google 知识图谱[46]最初于 2012 年推出，旨在改善 Google 搜索引擎结果，有效地将 Google 转变为问答引擎。2016 年 10 月，Google 宣布知识图谱拥有超过 700 亿个事实(Noy et al. 2019)[47]。有关该知识图谱的基础技术和形式的文档并不公开，但众所周知，标准 schema.org 类型可用于描述图中的事物。Google 在其知识图谱中集成了多个来源的数据，如维基百科、World Bank、Eurostat 等，还利用了 schema.org 的标注和来自 Web 的数据。Google 知识图谱目前也支持 Google Assistant。该知识图谱可通过 Google Knowledge Graph API 访问。

Yahoo!知识图谱[48](Blanco et al. 2013)于 2013 年推出。该知识图谱从异构源获取数据，并将其融合到一个通用的 OWL 本体下。融合过程包括知识的融合和清洗。知识图谱的核心是来自维基百科数据，然后通过 Music Brainz 和商业数据供应商等资源来充实数据。在知识图谱构建过程中，使用了机器学习方法和基于模板的方法。通用本体包含 300 个类和 1300 个属性。Yahoo!利用知识图谱来完成搜索、关系发现和自然语言处理等任务。

Knowledge Vault[49](Dong et al. 2014a)是 Google 收购的一个研究项目，旨在从不同类型的 Web 内容和数据中提取一个大型概率知识库。Knowledge Vault 融合了来自四种不同来源的知识，如非结构化文本、HTML DOM 树、HTML 表格和 schema.org 标注。提取的三元组针对现有的知识图谱(如 Freebase)进行验证，以提高事实的可靠性。在这项研究(Dong et al. 2014a)发表时，Knowledge Vault 包含超过 2.7 亿个事实。

46　见[46]。
47　见[47]。
48　见[48]。
49　见[49]。

第2章
构建知识图谱

摘要 本章通过介绍知识图谱的构建过程，概述知识图谱技术的发展现状。构建一个整体流程模型的主要步骤如下：①知识创建，②知识托管，③知识管理，④知识部署。我们展示了知识创建过程的方法，该过程创建、提取并构建知识图谱的事实库。我们描述了知识收集、存储和检索的过程，该过程在基于图的存储系统中实现已有知识。我们分析现有的方法和工具来提高大型知识图谱的质量。对于知识管理过程，我们建立了子步骤，如知识评估、知识清洗和知识丰富。我们为每个子步骤确定现有文献中已经研究和介绍的各种类别和维度，并确定可应用的任务(如知识图谱完整性和正确性、错误检测和纠正、重复项识别和处理)。最后，我们根据以下原则描述知识图谱的部署过程：可查找性、可访问性、互操作性和重用性。

2.1 引言

根据 Gómez-Pérez et al. (2017)，知识图谱技术包括：
- 知识表示和推理(语言、模式和标准词汇表)
- 知识存储(图数据库和资源库)
- 知识工程(方法、编辑器和设计模式)
- 知识学习，包括模式学习和统计

　　这适用于基于知识的系统。知识图谱方法和技术还必须额外反映对任何传统知识库以外的大量实例数据的特定关注；参见 Schultz et al.(2012)。我们在整体过程模型中确定了以下主要步骤(见图 2.1)。图 2.2 提供了详细的任务模型。

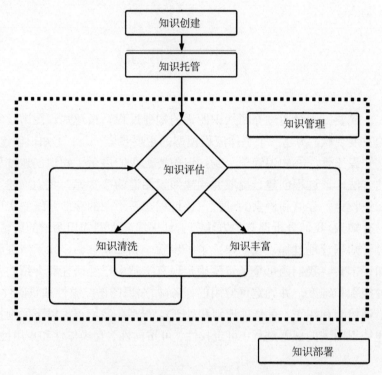

图 2.1　知识图谱生成的过程模型

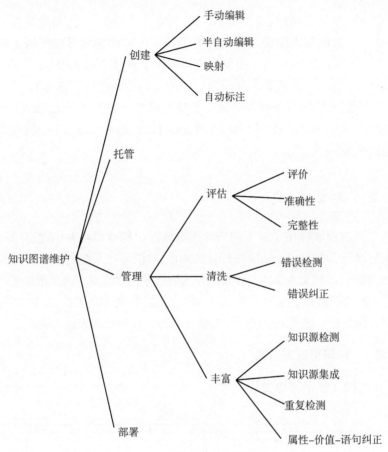

图 2.2　知识图谱生成的任务模型

稍后介绍的内容如下。

- 为知识图谱创建核心数据的传统知识获取(称为"知识工程"更佳)[1]阶段(参见 2.2 节)。

- 在适当的存储系统(如文档或基于图的资源库)中实现此知识的过程(参见 2.3 节)。

---

1 被遗忘的关于"知识是被引出的还是构建的"的辩论。

- 知识管理过程(Paulheim 2017)建立了涵盖广泛、质量良好的大型知识图谱。我们确定了以下内容作为管理过程的子步骤：知识评估、知识清洗和知识丰富(参见 2.4 节)。
- 最后，需要部署和应用这样的知识图谱(参见 2.3 节)。

下面将详细讨论提到的每个步骤。例如，可在 Gawriljuk et al. (2016)、Kejriwal et al.(2017)和 Villazón-Terrazas et al.(2017)中找到类似的模型[2]。

2.2　知识创建

知识获取描述了从不同来源提取信息、构建信息并创建有用知识的过程；参见 Schreiber et al.(2000)。知识可在系统之间以不同的方式表示，如文本文档、Web、关系数据库和数据库。语义数据提供了一种克服数据表示差异并以结构化方式提供数据的方法。在本节中，将介绍方法、建模语言，以及支持生成形式化知识的大量工具。

2.2.1　知识创建方法论

图 2.3 显示了语义标注方法。

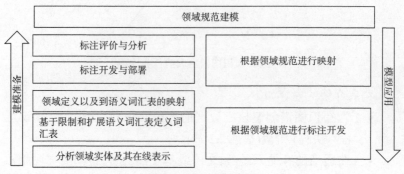

图 2.3　语义标注方法

该方法包括三个主要部分：

(1) 自下而上部分，描述了第一个标注过程的步骤。

(2) 反映这些结果的领域规范建模。

(3) 自上而下部分，将构建的模型应用于进一步的知识获取。

该方法的自下而上部分描述新领域中的标注过程，包括以下步骤。

(1) 分析领域实体及其在线表示：首先，为开始知识获取这一过程，我们定义了一个需要涵盖的领域(如旅游)。对该领域的研究包括分析现实世界旅游实体和提取现有相关服务类型。其次，我们识别 Web、数据库或 API 类型，并检测它们提供的数据格式和类型。通过领域分析，我们找出适合标注过程且必不可少的数据。

(2) 基于限制和扩展语义词汇表的词汇表定义：本体是知识图谱的一个重要元素(参见 Studer et al.1998；Staab 和 Studer 2010)，允许描述和表示语义标注中的所有信息。因此，我们使用 schema.org 作为语义标注的实际标准，该标准于 2011 年由 Google、Yahoo!、Bing 和 Yandex 推出(Guha 2011)。

(3) 领域规范与到语义词汇表的映射：对于选定的服务类型，我们确定将它们正确映射到 schema.org 词汇表的最佳方式，即选择具有属性和范围的正确类型。如果没有合适的类型或属性，那么我们定义一个扩展列表(Guha et al. 2016)。

(4) 标注开发与部署：为标注来自源的内容，我们使用内容数据结构。如果内容是以结构化数据的格式排列，则可自动执行标注(假设映射已定义)。否则，需要进行手动标注或半自动标注。必须有支持此步骤的工具，如标注编辑器、封装器、映射工具和评价器。

(5) 标注评价与分析：部署标注后，我们会定期监测它们对搜索引擎结果的影响，尤其要关注 Google Search 上的丰富结果[3]。若进行定量评价，最好使用 Google 的 Search Console，可用它估量检测带有标注的页面需要的时间、抓取带标注的页面的频率以及检测

---

3 如丰富的片段，见[3]。另见 3.2 节。

到的错误数量。若进行定性评价，最好监测 Google 搜索引擎的结果，尤其是对丰富结果的出现进行监测。

领域规范建模侧重于开发特定领域的模式，我们称之为领域规范(domain specification，DS)，可参见 Şimşek et al. 2018a。

该方法的自上而下部分描述了在特定领域的建模工作完成后的标注过程，包括以下步骤。

(1) 根据领域规范进行映射：在这一步中，可使用预定义的映射规则将传入的数据映射到开发的领域规范。

(2) 根据领域规范进行标注开发：此步骤基于预定义的领域规范，这些规范被转换成一个表格界面，促进手动和半自动的知识获取过程。

2.2.2　建模语言

自从引入 schema.org (Guha 2011)以来，语义标注的使用取得重大进展。2011 年，schema.org 由主要搜索引擎 Bing、Google、Yahoo! 和 Yandex 作为本体推出(Studer et al. 1998；Staab 和 Studer 2010)，用于在全球范围内增强 Web 搜索能力。schema.org 词汇表与 Microdata、RDFa 或 JSON-LD 格式一起用于标记网站内容。schema.org 依赖于一个灵活的跨域数据模型，具有分层结构。schema.org 最初包含 297 个类和 187 个关系，随着时间的推移，已增长到 598 个类型、862 个属性和 114 个枚举值(Guha et al. 2016)。schema.org 提供的类型(如 LocalBusiness、SkiResort、Restaurant)、属性(如名称、描述、地址)、范围定义(如文本、URL、PostalAddress)和枚举值(如 DayOfWeek、EventStatusType、ItemAvailability)语料库涵盖大量不同领域，包括旅游业。schema.org 数据模型为属性和类型定义了多重继承层次结构。此外，实例可以是多种类型的元素。属性的领域和范围没有正式定义，也没有基于公理的类型定义，只有一些子类层次结构。

schema.org 已成为标注数据的实际标准(Mika 2015)。这种标记可被搜索引擎和不同的自动化智能体(如聊天机器人或个人助手系统)识别，也可改善信息访问。超过四分之一的 Web 站点使用 schema.org，使 schema.org 成为用途最广泛的词汇表(Guha et al. 2016)。显然，schema.org 标注是构建知识图谱的基础。

领域规范，即语义标注设计模式，是来自 schema.org 的类型、属性和范围的扩展子集(Şimşek et al. 2018a)；见图 2.4。我们将 schema.org 限制为适当的子集，因为它是一种涵盖任何类型资源的方法，而我们需要关注某特定领域。由于 schema.org 主要针对 Web 搜索，虽然涵盖许多领域，但并不深入，而我们可能需要针对特定任务和领域了解更多细节，因此可能需要扩展 schema.org。通过限定重点，可得出更有效的概念结论。这也与"最多希望为最常见的主题提供核心"的 schema.org 一致(Guha et al. 2016)。此外，领域规范还提供了外部扩展概念，以添加更多特定领域和任务的详细信息[4]。

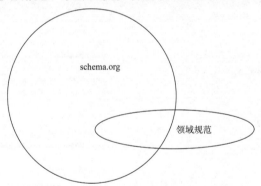

图 2.4　schema.org 与领域规范的关系

领域规范的目标是给出一个模型，说明如何以语义结构化方式表示领域，将有助于提高给定领域标注过程的完整性和正确性。最后，领域规范就是用于开发适当的语义标注的设计模式(Gamma et al.1995)，可只使用 schema.org，或与其扩展共同使用。附录 A 中提

---

4 见[4]。

供了领域规范(抽象语法和形式语义)的正式定义。

例如，要给一家酒店作标注，我们需要选择一组属性和范围涵盖酒店网页的内容。schema.org(见图 2.5)给出了酒店标注的可能属性和范围列表。

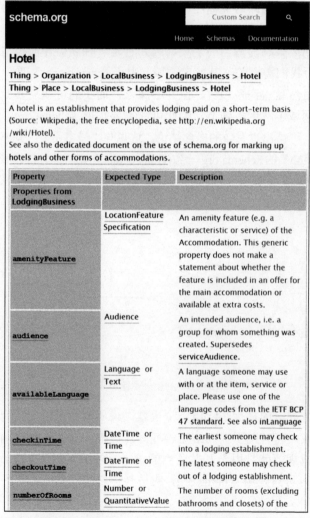

图 2.5　schema.org 中 Hotel 类型的属性和范围

我们需要分析酒店内容，定位页面上呈现的所有相关信息，然后根据这些信息，从 schema.org 定义类型、属性和范围，以表示可用信息。

下面列出根据 schema.org 中的 Hotel 类型，来标注酒店的属性和范围。

(1) aggregateRating 描述了酒店的综合评分，对于丰富的片段表示至关重要，以对酒店的各种评论或评分为基础。该属性在其范围内具有 AggregateRating 类型。

(2) availableLanguage 显示酒店服务人员使用的语言种类的信息。该属性的范围是 Text，但文本信息应以 IETF BCP 47 标准中语言代码的形式呈现。[5]

(3) checkinTime 显示可入住酒店的最早时间。

(4) checkoutTime 显示可退房的最晚时间。

(5) contactPoint 根据特定的联系类型描述酒店的联系信息。该属性的范围是 ContactPoint 类型。

(6) containsPlace 显示酒店中包含的其他场所，如酒吧、餐厅或水疗中心。该属性的范围是 Place、Accommodation 类型及其子类型。

(7) currencyAccepted 显示酒店接受的货币种类。该属性的范围是 Text，但文本信息应以 ISO 4217 货币格式呈现。[6]

(8) description 包含描述酒店及其设施的信息。该属性的范围是 Text。

(9) email 显示酒店的电子邮件。该属性的范围是 Text。

(10) faxNumber 给出酒店的传真号码。该属性的范围是 Text。

(11) founder 给出酒店创始人的姓名。该属性的范围是 Person。

(12) name 表示酒店的名称。该属性的范围是 Text。

(13) foundingDate 显示有关酒店成立时间的信息。该属性的范围是 Date。

5　见[5]。
6　见[6]。

(14) geo 给出酒店的地理坐标。范围 GeoCoordinates 指定该位置的纬度和经度。

(15) hasMap 提供该地点地图的 URL。

(16) image 描述 Web 上可用的图像。这可以是 URL 或描述完整且包含图像大小和标题信息的 ImageObject。

(17) makesOffer 描述了酒店提供的项目，如 HotelRoom、Suite 和 Accommodation。类型范围 Offer 显示 itemOffered 的可用性及其名称、价格等相关信息。

(18) openingHoursSpecification 显示酒店的营业时间。该属性的类型范围为 openingHoursSpecification，其属性为 closes、dayOfWeek 和 opens。

(19) paymentAccepted 显示酒店接受的付款方式，例如现金、信用卡等。

(20) petsAllowed 表示是否允许宠物进入酒店。该属性的范围为 Text 或 Boolean。

(21) photo 代表酒店的一些照片。该属性范围为类型 ImageObject。

(22) priceRange 指定酒店的价格范围，例如$$$。该属性范围类型为 Text。

(23) review 描述了所选酒店的评论。该属性范围类型为 Review。

(24) sameAs 显示外部参考 Web URL。例如，酒店的维基百科页面、社交媒体页面或官方网站的 URL。

(25) starRating 提供酒店的官方评分，例如来自国家协会或标准机构的评分。该属性的类型范围为 Rating。

(26) telephone 是酒店的电话号码。该属性范围为 Text，但文本应采用适当格式。

(27) url 显示酒店的 URL。

在本节中，我们指出 schema.org 以通用方式涵盖了许多领域；为使其更适合特定领域和任务，我们创建了扩展子集(即领域特定模

式)。社区已开始为 schema.org 提供外部扩展，这些扩展可与核心 schema.org 一起采用，以创建领域特定模式。以下为两个零售领域的著名例子。schema.org 包含产品描述和报价的类型和属性，但信息非常笼统。事实上，只有两种类型(即产品和服务)对于更具体的产品和服务及其属性没有任何子类型。然而，产品分类标准已建立，提供了相对深入的分类和丰富的属性。Stolz 和 Hepp 提出一种通用且完备的方法，将此类分类法与 schema.org 结合，使其更适合描述产品和服务(Stolz 和 Hepp 2018)。他们提供了一种确定方法，以广泛采用的产品分类标准(如 eCl@ss[7]和 UNSPC[8])的内部类型和属性标识符为基础创建 URN。Stolz 和 Hepp 提供了 additionalType 和 additionalProperty 属性，以将外部类型和属性标识符附加到 schema.org 标注的实体上。通过这种方式，比如在零售的情况下，产品和服务描述可通过 eCl@ss 和 UNSPC 的类型和属性得以丰富，其中 eCl@ss 包含超过 4.5 万个产品类和 1.9 万个属性[9]，UNSPC 包含超过 15 万个类。在 schema.org 中使用 PCS 类和属性的一个例子是笔记本电脑的标注。schema.org 没有特定的笔记本类型，也没有关于电池容量的属性。生成基于 eCl@ss 标准(AEI956008)中笔记本类内部标识符的 URN(urn:pcs:eclass:11.0.0:c:AEI956008)，并使用 additionalType 属性将 URN 附加到 Product 标注中。同样，可生成"电池容量"属性的 URN (urn:pcs:eclass:11.0.0:c:02-AAR570)，通过 additionalProperty 属性将其附加到相同的标注中。[10]

与此相似，GS1 是一个维护许多商业标准(包括广泛采用的条形码标准)的非营利组织，提供了丰富的词汇表[11]以改进 Web 上的产品搜索。与上述扩展方法不同，GS1 提供与 schema.org 层次结构集成

---

7 见[7]。

8 联合国标准产品和服务代码，见[8]。

9 Release v11.0，见[9]。

10 有关基于 eCl@ss 先前版本的完整 JSON-LD 示例，请参阅 Stolz 和 Hepp(2018)。

11 见[11]。

的完整外部词汇表。[12]GS1 用 43 种类型和 358 个属性扩展 schema.org。例如，GS1 使用子类型 WearableProduct 扩展 Product 类型，而 WearableProduct 子类型自身又具有 Footwear 子类型。鞋类零售商可使用这些新类型来描述产品，比用核心 schema.org 更符合特定领域。

2.2.3 知识生成工具

上一节中描述的属性和范围概述了用户用于标注酒店的属性和范围。图 2.6 展示了酒店标注过程的输出文件。为支持语义标注过程，我们需要使用工具进行手动编辑、半自动编辑、外部模式映射、自动标注以及评价(验证和确认)。[13]

图 2.6　JSON-LD 格式的酒店标注示例

---

12 通过 SKOS 和 RDFS 提供的机制实现集成。
13 见[13]，另见 Uren et al.(2006)和 Gómez-Pérez et al.(2010)。

1. 手动编辑

Web 内容的标注过程可通过 semantify.it Annotation Editor(Kärle et al. 2017)[14]手动完成。根据领域规范将自动生成界面；见图 2.7。

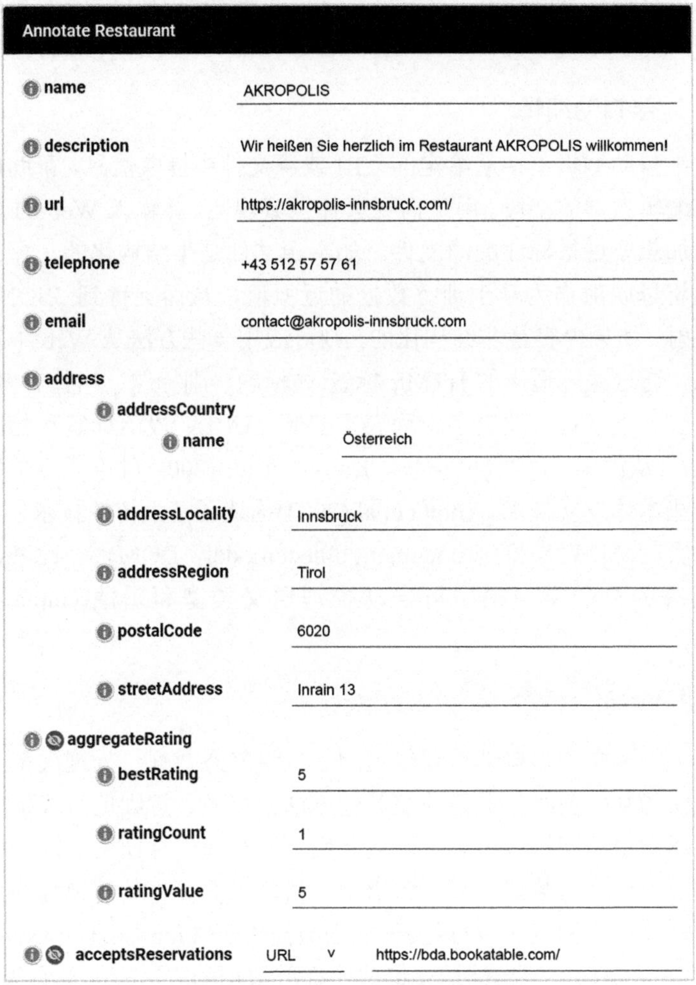

图 2.7　semantify.it 标注编辑器

---

14 见[14]。

为开启一个新的手动标注过程，用户需要选择一个领域规范(标注将基于该规范)并得到相应的编辑界面。填充所有必填字段后，用户将得到 JSON-LD 格式的标注源代码，然后可将此源代码复制、粘贴或存储在 semantify.it 平台上，供后续使用。用户可使用标注编辑器为 Web 内容添加标注，并使语义标注过程更加简单、完整和一致。

2. 半自动编辑

半自动编辑支持从给定的 URI 或源文件中提取信息，帮助用户填充编辑器中的字段。用户需要选择领域规范，并输入 Web 的 URL 或附加想要进行标注的源文件。如果源文件是半结构化的，那么编辑器将以映射作为基于训练数据的近似值，从而支持到 JSON-LD 的映射。如果内容是非结构化的，则可应用一些方法从 Web 中提取信息。通过跟踪适当的 HTML 标签(如标题、副标题、粗体、斜体、下画线、大字符、关键字、列表、图像、URL、段落标签和相关的全文)可从源 Web 中提取信息。Karoui et al. (2004)讨论了旅游领域的一些本体发现技术。Gupta et al.(2003)描述了基于树的技术，其使用网页的文档对象模型(document object model，DOM)[15]。此外，经过训练的机器学习模型可自动推理语义类型和属性(Gupta et al. 2012)。

3. 映射

手动编辑和半自动编辑仅适用于少量静态数据。处理大型且快速变化的数据集时，需要使用其他方法来有效、持续地生成标注。数据通常由不同机构提供，可能采用不同格式，并使用不同的概念结构。为使这些数据在知识图谱中可访问，需要将其转换为知识表示形式的格式和模式。对话过程称为数据提升(Villazón-Terrazas et al. 2017)。从结构化或半结构化格式中提取数据的方法和工具有很多。XLWrap 方法根据电子表格的特定单元格生成图谱三元组

---

15 见[15]。

(Langegger 和 Wöß 2009)。SLIPO 工具包支持地理空间数据集的提升、互连、抓取和融合，未来能使其工作台开源(Athanasiou et al. 2019b)。Mapping Master(M2)是一种用于将电子表格转换为 OWL 的映射语言(O'Connor et al. 2010)。XMLtoRDF 工具提供了一个映射文档(XML 文档)，该文档在 XML Schema 和 OWL Ontology 之间具有链接(Van Deursen et al. 2008)。Tripliser[16]是一个 Java 库和命令行工具，用于从 XML 创建三元图谱。此外，GRDDL[17]能将 XML 数据转换为 RDF。Virtuoso Sponger[18]从各种数据源生成关联数据，并支持多种数据表示和序列化格式。R2RML[19]指定了将关系数据转换为 RDF 格式的方法。RML(Dimou et al. 2014)扩展了 R2RML 的适用性，能定义其他格式的数据映射。将具有不同结构和序列化的数据(如数据库、XML 或 JSON 数据源)映射到特定领域的 schema.org 数据模型(参见 Şimşek et al. 2019a)。

　　semantify.it 平台具有一个封装器 API，可在其中存储映射，并将映射应用于相应的数据源。封装器根据映射转换数据，并将数据作为 JSON-LD 存储在 MongoDB 中。MongoDB 中的数据可作为标注发布在网站上，并被选择性地传输到知识图谱。该平台提供一个扩展框架来存储 RML 映射。为在知识图谱中存储网络服务的标注，semantify.it 平台提供一个映射器/封装器接口来转换智能体和 API 之间的通信(Şimşek et al. 2018b)。此功能存储使用 schema.org 操作标注的相应信息[20]。semantify.it-actions 考虑数据源的出处，并将其与现有操作映射进行比较。如果数据源已有一个动作映射，则相应的 schema.org 动作描述将附加到从数据源映射的实例上。

　　在图 2.8 中，Logical Source 决定了输入源，包含要映射的数据。

16　见[16]。
17　见[17]。
18　见[18]。
19　见[19]。
20　Schema.org Actions 提供了描述网络服务的方法。

```
@prefix rr: <http://www.w3.org/ns/r2rml#> .
@prefix rml: <http://semweb.mmlab.be/ns/rml#> .
@prefix schema: <http://schema.org/> .
@prefix ql: <http://semweb.mmlab.be/ns/ql#> .
@base <http://sti2.at/> .

<#LOGICALSOURCE>
rml:source ".../exampleJSONtoSDO/input.json";
rml:referenceFormulation ql:JSONPath;
rml:baseSource <#Mapping>;
rml:iterator "$.*".
<#Mapping>
rml:logicalSource <#LOGICALSOURCE>;
 rr:subjectMap [
   rr:termType rr:BlankNode;
   rr:class schema:Person;
];
rr:predicateObjectMap [
   rr:predicate schema:name;
   rr:objectMap [ rml:reference "name" ];
];
rr:predicateObjectMap [
   rr:predicate schema:age;
   rr:objectMap [ rml:reference "age" ];
];
rr:predicateObjectMap [
   rr:predicate schema:address;
   rr:objectMap [
   rr:parentTriplesMap <#ADDRESSmapping>;
];
].
<#ADDRESSmapping>
rml:logicalSource <#LOGICALSOURCE>;
 rr:subjectMap [
   rr:termType rr:BlankNode;
   rr:class schema:PostalAddress;
 ];
rr:predicateObjectMap [
   rr:predicate schema:addressCountry;
   rr:objectMap [ rml:reference "livesIn.country" ];
];
rr:predicateObjectMap [
   rr:predicate schema:addressLocality;
   rr:objectMap [ rml:reference "livesIn.city" ];
].
```

图 2.8　Person 类型(属性有 name、age 和 address)和 PostalAddress 类型(属性有 addressCountry 和 addressLocality)的 RML 映射示例

Logical Source 由对输入源的引用、引用公式和迭代器组成。Subject Map 描述了如何生成每个三元组主语的生成方法及其类型。在此处的例子中，schema.org 类型为 Person 和 PostalAddress。Predicate-Object Map 确定如何生成三元组的谓语和宾语。图 2.9 显示了 JSON 格式的输入文件，图 2.10 显示了使用 RML 映射规则映射到 schema.org 后的输出(Şimşek et al. 2019a)。[21]

```json
[
  {  "name":"Tom A.",
     "age":15,
     "livesIn":{
         "country":"Austria",
         "city":"Innsbruck"  }
  },
  {  "name":"Ralph S.",
     "age":25,
     "livesIn":{
         "country":"Austria",
         "city":"Vienna"  }
  },
  {  "name":"Anngelika B.",
     "age":77,
     "livesIn":{
         "country":"Germany",
         "city":"Munich"  }
  }
]
```

图 2.9　输入示例(JSON)

---

21 一种特殊的映射器实现，可处理没有连接的嵌套结构。可参见 Şimşek et al.(2019a)了解详情。可从[21]查看支持连接的新实现。

```
[
  { "@type": "http://schema.org/Person",
    "http://schema.org/name": "Tom A.",
    "http://schema.org/age": 1 5,
    "http://schema.org/address": {
            "@type": "http://schema.org/PostalAddress",
            "http://schema.org/addressCountry": "Austria",
            "http://schema.org/addressLocality": "Innsbruck"   }
  },
  { "@type": "http://schema.org/Person",
    "http://schema.org/name": "Ralph S.",
    "http://schema.org/age": 25,
    "http://schema.org/address": {
            "@type": "http://schema.org/PostalAddress",
             "http://schema.org/addressCountry": "Austria",
            "http://schema.org/addressLocality": "Vienna"    }
  },
  { "@type": "http://schema.org/Person",
    "http://schema.org/name": "Anngelika B.",
    "http://schema.org/age": 77,
    "http://schema.org/address": {
    "@type": "http://schema.org/PostalAddress",
    "http://schema.org/addressCountry": "Germany",
    "http://schema.org/addressLocality": "Munich"   }
  }
]
```

图 2.10　输出示例(JSON-LD)

4. 自动标注工具

自动标注工具使用自然语言处理(natural language processing，NLP)和机器学习(machine learning，ML)从 Web 中提取数据；参见 Cimiano et al.(2004)。从文本和 Web 中提取知识的方法有很多，如命名实体识别(Mohit 2014)、信息提取(Chang et al. 2006)、概念挖掘(Shehata et al. 2010)和文本挖掘(Inzalkar 和 Sharma 2015)等。可用的

工具或库也有很多，例如用于文本分析和语言处理的 GATE[22]、支持最常见 NLP 任务的 OpenNLP[23]，以及用于数据准备、机器学习、深度学习、文本挖掘和预测分析的 RapidMiner；参见 Villazón-Terrazas et al (2017)。NLP 的典型任务是 Moschitti et al. (2017)。

(1) 标记化是将文本转换为单个元素或标记(如单词、关键字、短语或符号)的过程。

(2) 词干提取是将单词简化为其所有屈折变体(称为词干)的过程。

(3) 词形还原是将单词与其规范形式或字典形式(称为词元)进行匹配的过程。

(4) 句子边界消歧是在文本中定义句子开头和结尾的过程。

(5) 命名实体识别(named entity recognition，NER)或实体提取是信息提取的子任务，用于从非结构化文本中定位、分类和提取给定类型的命名实体。NER 任务依赖于领域，必须在特定领域训练识别器，以识别特定类型的实体。

(6) 词性(part of speech，POS)标记是根据不同词性的特征和作用以及上下文，为文本中的单词分配词性的过程。

(7) 分块是将句子成分的附加信息附加到 POS 标签的过程。

(8) 句法解析是检测句子是否正确的过程，该过程提供句子的句法解析树，即句子的句法结构。

(9) 关系提取是信息提取的一个子任务，发现文本中实体之间的联系。

(10) 语义角色标注是识别句子中的语义角色，并对单词和短语进行标注的过程。

(11) Co-reference 消解是在文本中找到指代相同实体或事物的表达的过程。

---

22 见[22]。
23 见[23]。

自动标注需要大量训练，使通用方法适应特定领域和任务，此后才能达到一定的质量水平。一般来说，如果自动标注起作用，就不再需要这样的标注，因为机器可即时读取和理解文本表示。

5. 评价

Zaveri et al. (2016)引入一种质量评估方法，来评价知识工程过程的结果。需要引入定义这些数据质量(如准确性、完整性、一致性、正确性、可靠性、可重用性)的标准，这有助于提供完整、正确的实体知识表示。更多细节见 2.4 节，我们将在知识清洗的一般背景下讨论这个问题。

与知识图谱领域的大多数文献不同，我们必须严格区分验证和验证过程(Panasiuk et al. 2019)。根据正式规范(如模式定义、完整性约束)评价语义标注。这是对语义标注的内部检查，检查语义标注是否符合定义此评价黄金标准的正式要求。将语义标注与它们标注的 Web 资源进行比较。这里，Web 上的内容、数据和服务提供了用于评价语义标注质量的黄金标准。也就是说，我们不验证 Web 中人类可读内容的正确性，而验证找到的语义标注是否描述准确。例如，评价器不会通过自动电话来判断酒店的电话号码是否正确，而只是检查语义标注和内容是否一致。[24]

semantify.it 评价器是一个 Web 工具，提供确认和验证从网站上抓取的 schema.org 标注的可能性，参见图 2.11。根据 schema.org 词汇表和领域规范对抓取的标注进行验证(Şimşek et al. 2018a)，并验证标注是否符合完整性约束。验证过程的领域规范可由用户选择，也可由工具根据所评价标注的 schema.org 类型半自动提供。

---

24 见[24]。

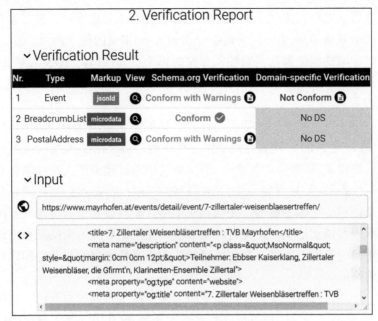

图 2.11　semantify.it 验证器

在后端通过形式化、结构化的报告检测并呈现违规行为，验证过程在后端执行，包括：

(1) 将输入标注转换/规范化为压缩的 JSON-LD 文档序列化，这是验证过程所需的格式

(2) 基于 schema.org 词汇表的标注的一般验证

(3) 基于输入领域规范的标注的领域特定验证

(4) 根据检测到的错误创建验证报告

第一步以语法正确的方式将 schema.org 标注描述的实体表示为嵌套的 JSON 对象。通过这种方法，以下步骤可依靠递归算法，检查输入标注的每个实体(嵌套 JSON 对象)。标注一般验证过程检查每个实体，确认类型、属性和嵌套 JSON 对象的值类型(范围)符合 schema.org 词汇表。在特定领域的验证中，输入领域规范的树结构(JSON 的数据模型)和输入 schema.org 标注可轻松识别哪个领域规范

的嵌套 JSON 对象属于哪个标注的嵌套 JSON 对象标注。独立检查由领域规范节点(由特定关键字及其值表示)定义的每个约束。因此，特定领域的验证算法是对输入标注的每个实体(嵌套 JSON 对象)的语法和语义约束的递归断言。任何遇到的违规行为都会被处理成报告。

报告包含检测到的错误的详细信息见图 2.12，其中包括错误代码(错误类型 ID)、错误标题、错误严重度、错误路径(在标注中发生错误的位置)和错误文本描述。语义标注的验证检查语义标注是否与其所代表的 Web 内容一致。语义标注应该标记 Web 的实际信息和可见信息、正确的链接、图像和文字值，而没有冗余。资源表示的不准确可能使语义标注对自动化智能体无用，导致搜索结果中出现不正确的表现，或使抓取和推理对于在语义标注上构建应用程序的作用降低。

标注过程中出现错误可能是因为未遵循推荐的指南[25](如结构化数据指南)、专业知识不足、技术或人为错误(其中一些问题可通过 Google 搜索控制台[26]检测到)，或因为标注与 Web 内容不相符，即所谓的垃圾邮件结构化标记。[27]验证框架有助于检测 Web 与其标注之间的不一致。

验证语义标注防止搜索引擎因在标注中提供无关信息而惩罚结构化数据发布者的问题，并有助于从使用语义标注的自动化智能体和应用程序中获取准确信息。惩罚可能对网站产生不良影响(如搜索结果中网站的错误定位)，甚至导致结构化数据无法集成(如无法生成丰富片段)。

---

25 见[25]。
26 见[26]。
27 见[27]。

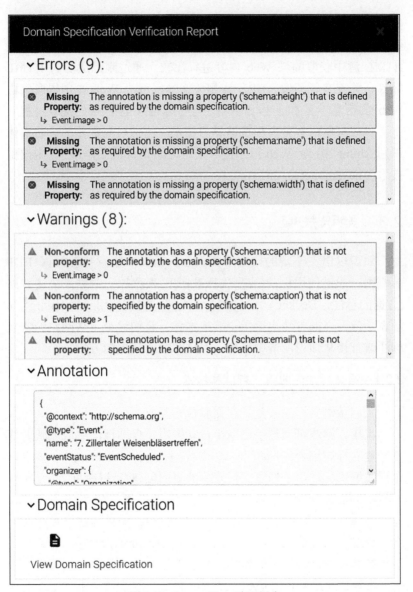

图 2.12　semantify.it 验证报告

框架确保发现 schema.org 标注和 Web 内容之间可能出现的所有

典型不一致(例如，URL、标注文本描述和 Web 描述之间的不匹配)。我们提供了一种检查算法，可将从给定 Web 的标注中提取的值与从 HTML 源中获取的该 Web 内容进行比较。通过跟踪适当的 HTML 标签、关键字、图像、URL 和相关文本，可从 Web 源中提取来自 Web 的信息。文本描述(如价格、电子邮件和电话)中的提取过程应用了一些自然语言处理和机器学习技术，包括前文提及的命名实体识别(Mohit 2014)、Web 信息提取系统(Chang et al. 2006)和文本挖掘技术(Vijayarani et al. 2015)。

2.3　知识托管

知识以语义丰富的数据形式表示。语义丰富意味着根据 RDF 的原则，通过使用标准(或事实标准)词汇表添加元数据来描述数据(数据的标注，Decker et al. 2000)。当前，我们使用 schema.org[28]词汇表，但同样的方法也适用于其他本体。我们讨论了从网站的语义标注或直接从知识图谱中填充、存储和检索数据的方法。

2.3.1　语义标注的收集、存储和检索

我们从语义标注收集、存储和检索开始。

收集。 标注可通过手动或半自动编辑、自动标注生成或映射等方法建立标注集合。手动标注时，SaaS 标注平台 semantify.it 提供一个标注编辑器，用于通过类似表单的界面创建标注(参见第 2.2 节)。同样，WordPress 和 Typo3 也有可用的标注插件，称为 "semantify.it 即时标注"(另请参见下文关于检索的段落)。如果标注已经存在，则可通过上传功能或 API 将它们上传到 semantify.it 平台。如果对于基于经典数据结构的大数据集，标注应该自动化处理，则可定义映射，将其传递给 semantify.it 封装器。然后，封装器会根据定义的映

28　见[28]。

射定期转换经典数据源。

存储。要存储带有语义标注的数据，基于 JSON 的文档数据库效果较好，但也有一些限制。为此，一个非常方便的数据库是文档存储 MongoDB。该数据库基于 JSON，因此支持 JSON-LD(Sporny et al. 2014)。得益于先进的索引机制，可无缝地存储和检索数据，但不支持对 MongoDB[29]在内的 JSON-LD 文件进行局部推理，且需要大量的编程和处理算法开销。尽管 MongoDB 不被视为知识图谱的基础，但它仍然是存储 schema.org 标注信息集合的轻量级解决方案，且成本效益较高。我们使用 MongoDB 来存储 Web 标注的 JSON-LD 文件，并定期或按需将数据复制到图数据库中以填充知识图谱。推理和数据集成仅在图数据库上完成。MongoDB 通过 API 完成数据检索。字符串和索引搜索非常高效，在包含数百万个 JSON-LD 文件的文档存储中也是如此。

检索。可通过缩短的 URL 直接访问存储在 semantify.it 中的标注。[30]发送到该 URL 的请求(包括所需的参数)只以对应请求的 JSON-LD 文件响应。这种查询的一个例子及其结果可在图 2.13 中找到。这种请求方法主要用于网站标注文件的即时集成。这意味着当加载一个特定网站时，会请求一个标注文件，并即时将其注入网站的源代码中。从 semantify.it 检索标注的服务器响应时间允许即时集成，能很好地协调网站的一般服务器响应时间。

---

29 见[29]。
30 见[30]。

GET https://smtfy.it/BJgn06IHNb	`{ "@context": "http://schema.org", "@type": "LodgingBusiness", "name": "Haus Olmarausch", "disambiguatingDescription": "Unser Haus liegt in schöner, sonniger Lage inmitten von Leutasch. Wir bieten ein gut ausgestattetes heimeliges Haus und herzliche Gastfreundschaft. Wir wollen vor allem eines: Dass Sie sich von Anfang an wie zu Hause fühlen. \nDer Loipeneinstieg und befestigte Winterwanderwage sind direkt vis a vis vom Haus. \nIm Sommer Ausgangspunkt für herrliche Wanderungen und Radtouren auf schönen und sicheren Wander - und Radwegen in den Bergen von Leutasch. Das Ortszentrum, Gasthöfe und Bäckerei sind in kurzer Zeit erreichbar.", "@description": "<p>Unser Haus liegt in schöner, sonniger Lage inmitten von Leutasch. Wir bieten ein gut ausgestattetes heimeliges Haus und herzliche Gastfreundschaft. Wir wollen vor allem eines: Dass Sie sich von Anfang an wie zu Hause fühlen. Der Loipeneinstieg und befestigte Winterwanderwage sind direkt vis a vis vom Haus. Im Sommer Ausgangspunkt für herrliche Wanderungen und Radtouren auf schönen und sicheren Wander - und Radwegen in den Bergen von Leutasch. Das Ortszentrum, Gasthöfe und Bäckerei sind in kurzer Zeit erreichbar.</p>", "url": "https://www.tirol.at/urlaub-buchen/ferienwohnungen/a-haus-olmarausch", "image": { "@type": "ImageObject", "name": "https://resc.deskline.net/images/SEE/1/472d237a-c4e5-470e-a8d3-51be428bb746/99/image.jpg", "contentUrl": "https://resc.deskline.net/images/SEE/1/472d237a-c4e5-470e-a8d3-51be428bb746/99/image.jpg", "url": "https://resc.deskline.net/images/SEE/1/472d237a-c4e5-470e-a8d3-51be428bb746/99/image.jpg", "uploadDate": "2017-01-01" }, "address": { "@type": "PostalAddress", }, }`

图 2.13 semantify.it 的查询结果是一个 JSON-LD 文件

2.3.2 知识图谱的收集、存储和检索

下面再次讨论事实的收集、存储和检索。不同的是，这些事实是由知识图谱捕获的。

收集。为在知识图谱中收集和存储数据，框架中有两种不同的可能性。

(1) 抓取：semantify.it 平台提供一个抓取界面，作为智能体框架的一部分。[31]智能体抓取器将 URL 列表作为输入，并将网站和相应的 Web 抓取到特定的、预定义的深度。语义标注被提取并直接存储在知识图谱中。因此，可定义应该考虑的序列化格式(Microdata、RDFa、JSON-LD)，并可确定要忽略的 schema.org 类。

(2) 映射：上述 semantify.it 封装器将数据源映射到 schema.org，并将其存储在 semantify.it 的 MongoDB 数据库中。该封装器生成的数据可导出到知识图谱。此功能可一次调用，可定期调用，也可按需调用——例如，每当数据集更改时自动调用。

网站抓取是一项相当繁杂的任务，可能需要花费数小时甚至数天，具体时间取决于网站的大小、抓取的深度以及抓取器需要抓取的网站数量。但是，将数据集传输到知识图谱的平均时间(在 2.5 节描述的旅游示例中，为每天 800 万个事实)大约是 15 分钟。

存储。由于语义数据的 RDF 特征，图数据库是在知识图谱中存储信息的最传统方式。要在知识图谱中存储信息，就必须考虑数据出处、历史数据和数据复制等方面。在旅游知识图谱(Touristic Knowledge Graph，TKG)中，历史数据保存在命名图中。要执行时间推理，就必须使用标识符正则表达式功能。我们的知识图谱目前包括大约 50 亿个事实(参见 2.5 节)[32]。集中存储知识图谱可能被视

---

31 见[31]。

32 它存储在 GraphDB 安装中(版本：GraphDB GRAPHDB_ENTERPRISE v8.4.1+sha. 9a7a246c)。GraphDB 安装托管在 Dell PowerEdge R430 服务器上，运行 Linux Ubuntu、16.04.5 LTS、128 GB RAM、2 个 Intel Xeon E5-2640 v4 处理器，每个处理器具有 10 个内核和 2.40GHz。数据存储在四个 1.6 TB SSD (6 Gb/s)磁盘上，在硬件 RAID 10 上运行。

为违反链接开放数据原则，即分散托管运行时通过查询集成的各种数据源(Bizer et al. 2008)。然而，这在现实环境中是不可扩展的(Fernández et al. 2017)。图数据库 GraphDB 托管我们构建的知识图谱。[33]GraphDB 具有一个 SPARQL API，数据通过该 API 被存储在图中(参见 Harris et al. 2013)。除了 RDF 外，Turtle[34]和 JSON-LD 等序列化格式，以及 XML、CSV 等非 RDF 格式都可转换为 RDF 格式，并存储在 GraphDB。[35]

检索。从基于 RDF 图数据库中检索数据时可使用 SPARQL。GraphDB 的 SPARQL API 十分有效，且支持当前的 SPARQL 1.1 版本(Harris et al. 2013)。SPARQL 是一种 RDF 查询语言，可大致解释为"用于图数据库的 SQL"。SPARQL 可检索和维护以 RDF 格式存储的数据。查询的三元模式语法与 Turtle 兼容。例如，若要检索图中滑雪场的所有名称和 URL(如果存在)，查询将如图 2.14 所示。

```
PREFIX schema: <http://schema.org/>
SELECT DISTINCT ?name ?url WHERE {
    ?s a schema:SkiResort;
    schema:name ?name;
    OPTIONAL {?s schema:url ?url}
}
LIMIT 100
```

图 2.14　SPARQL 查询检索滑雪场名称

有关 RDF 存储技术的更多信息，请参见 Ma et al.(2004)、Angles 和 Gutiérrez (2005)、Stegmaier et al.(2009)和 Faye et al.(2012)。

33　见[33]。
34　见[34]。
35　请参阅 Angles 和 Gutiérrez(2008)有关图数据库模型的概述。

2.4　知识管理

构建知识图谱相当于托管知识图谱。想要将知识图谱变成解决问题的有用资源，还需要付出额外努力。知识管理的总目标是提供成本敏感方法来提高大型知识图谱的质量，确保知识图谱对预期应用程序有用。知识图谱改进有两个主要目标：①将缺失的知识添加到图中，即补全；②识别图中的错误信息，即错误检测(Paulheim 2017)。我们通过分离一个通用知识评估任务来稍微扩展这个定义，该任务进一步指导知识清洗和丰富任务。与数据管理类似，[36]我们将这整个过程称为知识管理。

图 2.1 已将其定义为知识评估、清洗和丰富的循环。在下文中，我们将更详细地讨论这三个任务。我们假设：

- 已经构建了一个大型知识图谱(参见 2.2 节)。
- 大型知识图谱由知识库正确托管(参见 2.3 节)。

首先定义了一个非常简单的知识表示形式，旨在形式化 schema.org，并细化对知识管理子任务的讨论。最后，将介绍一些必要的后续步骤。

2.4.1　最大简单知识表示形式

我们与 schema.org 同步定义表示形式，以进一步构建和细化已开发的知识管理定义。我们在词汇表上(ABox)区分模式定义(TBox)和断言语句。TBox 定义了类型及其层次结构，以及属性及其领域和范围。[37]ABox 在此术语上添加了断言。首先定义 TBox。我们有：

- 两个分离且有限的类型集合 T 和属性集合 P。
- 有限数量的类型定义 $isA(t_1,t_2)$ 是 T 的元素。isA 具有自反性和传递性。

36　见[36]。

37　目前，我们忽略了 schema.org 的子属性机制，因为它似乎不利于解决 RDF 的全局属性假设。

数量有限的属性定义：

- hasDomain(p,t)，其中 p 是 P 的一个元素，t 是 T 的一个元素。
- 属性 p 范围定义，其中 p 是 P 的一个元素，t_1 和 t_2 是 T 的元素。已有以下两个选项(Hayes 1981)[38]。
- 简单定义——全局属性定义(Hayes 2004)：hasRange(p,t_2)。
- 细化定义——局部属性定义(Kifer et al.1995)：领域 t_1 的 hasRange(p, t_2)，或 hasLocalRange(p,t_1,t_2)。

ABox 基于的内容如下。

- 一组可数的实例标识符 I。i、i_1 和 i_2 是 I 的元素。
- 实例断言：isElementOf(i, t)。isElementOf 是具有内置语义的特殊属性。若 A(t_1,t_2)且 isElementOf(i,t_1)，则 isElementOf(i,t_2)。
- 属性值断言：p(i_1,i_2)。
- 相等断言：isSameAs(i_1,i_2)。我们允许另一个内置属性来表达实例的身份。它具有对称性、自反性和传递性。将 i_1 替换为 i_2 时，每个语句都保持 true 或 false(反之亦然)。

对于知识评估、清洗和丰富这三个阶段，我们假设 TBox 是黄金标准，而需要重做的是 ABox。这未必是正确的，但需要手动扩展 schema.org，如 2.2 节所述。Patel-Schneider (2014)[39]提供了 schema.org 语义的完整定义。

2.4.2 知识评估

知识评估描述并定义了评估知识图谱质量的过程。目标是根据知识图谱的两个主要质量维度(即正确性和完整性)，衡量知识图谱的有用性。在本节中，我们首先提供有关数据/知识评估的文献综述，

---

38 有一个技术性细节值得一提。在 KRL 中，相同的 slot-name 可用于不同框架来表示不同的关系。例如，一个人的年龄是一个数字，但他作为飞机乘客的年龄(即在旅行者框架中)是{婴儿、儿童、成人}之一。不能允许这种混淆，必须为不同关系使用不同名称。接受这样的情况，用名称范围的概念扩展通常的一阶语法是一个有趣的练习(Hayes 1981)。另见 Patel-Schneider(2014)。

39 有关将这些类型和属性定义作为推理规则或约束的讨论，请参见 De Bruijn et al.(2005)以及 Patel-Schneider 和 Horrocks(2006)。

其中包括如下所示的类别和质量维度的扩展列表。然后根据 2.4.1 节中定义的最大简单知识表示形式来识别错误源,并引入具体任务来解决知识评估问题。最后研究知识评估相关的方法和工具。

1. 文献综述

关于数据质量的文献非常多,表明这是一个复杂问题。研究者已开发了各种类别和维度来衡量并提高数据的质量,如 Wang (1998)、Wang 和 Strong (1996)、Wang et al.(2001)、Pipino et al.(2002)、Batini 和 Scannapieco (2006)、Zaveri et al.(2016)以及 Färber et al.(2018)。

(1) 可访问性意味着数据或一部分数据必须是可用和可检索的(Färber et al. 2018);必须包含许可,必须相互关联、安全且性能较高(Zaveri et al. 2016);并且对于特定用例或消费者必须是最新数据(Wang 和 Strong 1996)。通常根据服务器的可用性、SPARQL 端点、结构化数据、数据重用许可、互连以及安全高性能访问来衡量。例如,假设用户搜索因斯布鲁克的事件,事件搜索引擎返回 404 not found 这样的错误响应,就意味着资源不可用。因此,它是不可访问的(Zaveri et al. 2016)。

(2) 准确性(精确性)定义了外部对象数据的可靠性、语法和语义正确性(Wang 和 Strong 1996,Färber et al. 2018)以及真实性。换句话说,如果一个值不违反语法规则(Fürber 和 Hepp 2011)或符合规范(例如,使用的有效 schema.org 类型和属性)且该值在语义上是正确的,即该值表示对象的正确状态(Fürber 和 Hepp 2011),那么该值在语法上是准确的。例如,假设用户正在搜索一个事件,并且该事件具有以下标识符: [39],标识符即表示 Zillertal Krapfen 美食节。如果在知识图谱中相同的标识符代表另一个事件,则意味着语义不准确,因为数据与实际事件不一致。[40]

---

[40] 这里假设真实世界是发布事件的网站。见 2.2.3 节。

(3) 适当数量也被视为相关性维度的一部分(Zaveri et al. 2016)，其定义适合特定任务或用例的数据量。该指标可根据数据集中包含的三元组、类、实例和属性的数量来衡量(Flemming 2011)。例如，假设用户正在搜索慕尼黑的事件。要回答这个查询，事件搜索引擎必须包含适当数量的数据，以涵盖各种事件(如音乐会、研讨会、慈善活动)。此外，数据可能包括交通、住宿等，可帮助用户规划旅行。

(4) 可信度也是可信性的一部分(Färber et al. 2018)，定义了数据被视为真实、可信、正确、现实、可靠、公正和可验证的程度(Färber et al. 2018；Pipino et al. 2002；Wang 和 Strong 1996；Zaveri et al. 2016)。通常，可信度通过检查数据源的信任值或可信度(Pipino et al. 2002)，使用信任本体(Färber et al. 2018)和信任标注(Dezani-Ciancaglini et al. 2012)来衡量。此外，可信度还可将基于用户的评分视为相关指标(Mendes et al. 2012)。例如，如果用户正在搜索维也纳的事件；事件搜索引擎显示事件列表，部分结果由知名公司提供。用户可能更倾向于选择该公司显示的事件，因为这类事件更加知名。此外，其他用户给出的评分可能影响用户的决定。

(5) 数据的完整性是指在给定特定用例的情况下，知识图谱中的数据在模式和实例级别是完整的(Fürber 和 Hepp 2011)。例如，完整性可通过比较知识库与黄金标准知识库的类、属性、值和链接的总数来衡量(Zaveri et al. 2016)。[41]假设用户正在搜索因斯布鲁克事件；事件搜索引擎包含因斯布鲁克的各种事件，且使用标准词汇表正确表示这些事件。如果一个对话系统可回答有关因斯布鲁克事件的所有问题，我们可以说，对于这个特定的用例，知识图谱是完整的。

(6) 简明表示指数据表示模式和实例级别的紧凑程度(Mendes et al. 2012，Zaveri et al. 2016，Wang 和 Strong 1996)。例如，可将唯一属性和实例的总数与知识库中存在的属性和实例的总数进行比较

---

41 这种情况下，"用户应该假设一个封闭世界，其中黄金标准数据集可用，且可用于与转换后的数据集进行比较"(Zaveri et al.2016)。

(Mendes et al. 2012)。假设用户正在搜索一个名为 Kinderolympiade 的事件，且事件搜索引擎使用同一知识库中的不同属性显示 Kinderolympiade 值的两种表示，如 eventName = Kinderolympiade 和冗长的 name = Kinderolympiade。

(7) 一致表示指格式(Wang 和 Strong 1996)、形式描述(Zaveri et al. 2016)以及存储在知识图谱中的其他数据(Mendes et al. 2012)方面的一致性。可通过检查数据是否与以前的数据兼容(Wang 和 Strong 1996)、是否存在分离类的违规(Färber et al. 2018)以及类和属性的错误使用来衡量一致表示；更多内容见(Zaveri et al. 2016)。例如，一个人有两个不同的社会安全号码可能导致不一致。

(8) 成本效益衡量收集适当数量的准确数据以支持所需有用性的总成本(Wang 和 Strong 1996)。例如，根据数据对特定用例的重要性，计算每三元组的成本。

(9) 易控制(易操作的一个子维度，Wang 和 Strong 1996)是指控制数据并将其应用于不同任务的难易程度(Pipino et al. 2002)。例如，是否有针对修改、分类和聚类等任务的完整准确文档(Mahanti 2019)。假设一家公司想要集成来自不同来源的数据，支持应用。如果没有外部知识源提供的类、属性和实例的文档，集成过程可能非常困难。这在易控制维度上损害了数据质量。

(10) 易操作，是指为特定任务或目的而加入、更改、更新、下载、上传、复制、集成和定制数据的难易程度。该维度也可能包含在易控制维度中(Wang 和 Strong 1996)。[42]

(11) 易理解是指人类理解数据的难易程度(Färber et al. 2018)，需要了解清楚且没有歧义(Wang 和 Strong 1996)。这个质量维度包含在可理解性维度中(Zaveri et al. 2016；Färber et al. 2018)。

(12) 灵活性指适应性、可延展性、可扩展性和轻松应用于不同任务的程度(Wang 和 Strong 1996)。该维度与易控制维度高度相关。

---

42 它在 Wang 和 Strong(1996)中有所描述，但随后被删除。在数据质量领域，以下论文不再考虑这个维度(Färber et al.2018；Pipino et al.2002；Zaveri et al.2016)。

(13) 无误性也指准确性(Wang 和 Strong 1996)，指数据的正确程度(Pipino et al. 2002)。可通过计算错误数量来衡量正确性，例如错误和缺失的实例断言，以及属性值断言除以知识库中的语句总数。假设用户搜索因斯布鲁克的事件。事件搜索引擎显示带有缺少信息(例如，缺少时间或地点)和错误信息(例如，错误的地点名称或拼写错误)的事件列表。这些迹象表明数据并非没有错误。

(14) 互操作性是指为描述知识图谱中的资源，重复使用知名标准、本体或词汇表的程度(Zaveri et al. 2016)，这将提高机器可读性(Färber et al. 2018)。使用 schema.org 之类的词汇表是用于提高互操作性可采取措施的一个很好的例子。

(15) 客观性也被视为可信性维度的一部分(Zaveri et al. 2016；Färber et al. 2018)，用于衡量数据的公正性、客观性(Wang 和 Strong 1996)、无偏性和公平性(Pipino et al. 2002)。作为知识图谱的客观性，它由专家衡量，取决于信息的类型，也取决于信息是否可由独立的来源或供应商确认。假设用户正在搜索事件，且正在关注有关价格、地点舒适度等方面的评论。但事件搜索引擎赞助商可能在结果列表中排名更高。因此，这可能是偏差的迹象。

(16) 相关性是指适用性水平(Pipino et al. 2002)和给定特定任务的数据的相关程度(Zaveri et al. 2016)。假设用户正在搜索一个事件。事件搜索引擎不仅显示事件列表，还显示事件发生所在城市的历史信息，这些信息可能与当前任务不太相关。

(17) 声誉可被视为可信性维度的一部分(Färber et al. 2018)，指数据在其来源或内容方面受到高度重视的程度(Wang 和 Strong 1996)。例如，可通过调查社区或页面排名，考虑用户的声誉得分等来衡量声誉(Mendes et al. 2012)。假设用户搜索价格最优惠的事件。事件搜索引擎返回带有价格等信息的事件列表。但一些数据源对某个事件的价格有冲突这一情况可能发生在后端。这种情况下，事件搜索引擎会从具有较高声誉的数据源中取值，将其显示给用户。

(18) 安全性被认为是可访问性维度的一部分(Zaveri et al.

2016)，指如何限制对数据的访问(Wang 和 Strong 1996)，以保持其完整性并防止滥用(Zaveri et al. 2016)。可通过检查是否采用了标准的安全和隐私保护措施来衡量安全性。假设一个用户为参加一个活动付费；由于个人数据高度敏感，事件搜索引擎必须确保安全的支付交易(Färber et al. 2018)。

(19) 及时性(速度)是根据特定任务所需的数据新鲜度来衡量的(Pipino et al. 2002；Wang and Strong 1996；Zaveri et al. 2016)。及时性基于货币和波动率来衡量数据集的新鲜度，其中波动率是数据失效前需要经历的时间，货币是数据刷新和交付给用户之间的时间(Zaveri et al. 2016)。例如，在价格动态变化的住宿和航班服务中，及时性就是一个重要方面。

(20) 可追溯性也被认为是可验证性(Wang 和 Strong 1996)，还被认为是可信性质量维度的一部分(Färber et al. 2018)。可追溯性是指"数据有据可查、可验证并易于追溯来源"的程度(Wang 和 Strong 1996)。这个维度与来源元数据高度相关。例如，数据具有来源、所做更改等元数据。假设事件搜索引擎从不同的知识源抓取数据，并接收到向用户显示的错误信息。这种情况下，事件搜索引擎需要能够将信息追溯信息来源，以验证其可信性。

(21) 可理解性也称为易理解性(Färber et al. 2018)，指人类清楚理解数据的容易度(Färber et al. 2018；Zaveri et al. 2016)。可通过检测数据集中是否存在人类可读的元数据、类标签、属性和实体来衡量可理解性(Flemming 2011)。例如，假设用户在搜索因斯布鲁克的事件。数据应包含清晰的人类可读标签，例如事件位置。就可理解性而言，用 Innsbruck 代替 IBK 会更有用。

(22) 增值是指数据有益并能在使用时发挥作用的程度(Wang 和 Strong 1996)。也就是说，数据为操作增加了价值(Wang 和 Strong 1996)。此外，Färber et al. (2018)将增值视为完整性质量维度的一部分。一个简单指标计算未使用数据的操作总数与使用数据的操作总数之间的比率。假设用户搜索在因斯布鲁克海拔 1000 米处的徒步路线。如果知识库包含海拔信息，应用程序可返回 Nordkette 山周围的徒步路径列表(这可能增加预订机会)。否则，应用程序可能只返回因斯布鲁克的所有徒步路径。这种情况下，海拔信息是增值的。

(23) 多样性是指获取数据的许多不同来源。假设用户搜索因斯布鲁克的事件。事件搜索引擎返回来自各种事件知识源(如 Eventbrite、[43]feratel[44]或 Outdooractive[45])的事件列表，而不使用单一来源。

Batini et al.(2009)对数据评估和改进进行概述。作者对有关数据质量维度的方法、策略和技术进行对比分析。这些维度是获取数据对给定和预期应用有用性的一种方法(适用性概念现在在质量文献中被广泛采用，Wang 和 Strong 1996)。例如，Färber et al.(2018)采用其中一些标准比较几个知识图谱，如 Freebase、OpenCyc、Wikidata 和 YAGO。此外，Zaveri et al.(2016)引入一种质量评估方法，该方法为知识图谱系统采用数据质量措施。

Paulheim et al.(2019)确定了子任务，例如指定数据集和知识图谱，指定评估指标，指定用于特定任务评估的任务，并对比内在评估与基于任务的评估，对比自动化评估与以人为中心的评估，根据保持结果可重复性的需要来定义设置。总之，除了各种维度外，还有不同的指标和评估函数来定义此类维度的得分，有用于计算得分值的不同程序。

2. 任务类型

知识评估的核心任务是概述知识图谱中错误或缺失断言的数量。根据最大简单知识表示形式，可区分以下三个错误源。

(1) 实例断言：isElementOf(i,t)

(2) 属性值断言：$p(i_1,i_2)$

---

43 见[43]。
44 见[44]。
45 见[45]。

(3) 相等断言：isSameAs(i_1,i_2)

考虑到正确性(即错误断言)和完整性(即缺失断言)质量维度和上述错误来源，可定义以下六个有关正确性和完整性的知识评估任务。

- 正确性

(1) 确定错误实例断言的数量。

(2) 确定错误属性值断言的数量。

(3) 确定错误相等断言的数量。

- 完整性

(4) 确定缺失的实例断言的数量。

(5) 确定缺失的属性值断言的数量。

(6) 确定缺失的相等断言的数量。

知识管理目标是提供成本敏感的方法，因此必须定义一种基于生命周期、成本比率驱动的方法来提高知识图谱的可用性。

3. 方法和工具

评估知识图谱方法和工具有很多。在下文中，我们将描述其中一些方法，这些方法有助于定义指标，用于分析数据质量评估。

全面数据质量管理(Total Data Quality Management，TDQM) (Wang 1998)和数据质量评估(Pipino et al. 2002)等方法可从不同角度识别重要的质量维度及其要求。这些视角包括供应商、经理、消费者和制造商等。其他方法定义的质量指标允许基于数据完整性约束的半自动评估。例如，用户驱动评估(Zaveri et al. 2013)、测试驱动评估(Kontokostas et al. 2014)以及基于人类专业知识的手动评估(众包驱动评估，Acosta et al. 2013)。此外，有一些质量评估方法，可使用统计分布测量语句的正确性(Paulheim 和 Bizer 2014)，以及SPARQL 查询，用于识别功能依赖违规和缺失值(Fürber 和 Hepp 2010a, b)。

Zaveri et al. (2016)和 Debattista et al.(2016a)已提到一些知识评

估工具，我们将在此处描述更多工具。WIQA(Web Information Quality Assessment，Web 信息质量评估[46])框架使用过滤策略评估信息质量(Bizer 和 Cygania 2009)；SWIQA(Semantic Web Information Quality Assessment，语义 Web 信息质量评估，Fürber 和 Hepp 2011)框架定义了数据质量规则和质量分数用于识别错误数据；LINK-QA(Guéret et al. 2012)是一个使用 Web 指标评估数据质量的框架。例如，一种确认正确 isSameAs 关系的方法是在链接和被链接资源之间找到封闭的 isSameAs 关系链，处理 Task 3。Sieve(Mendes et al. 2012)是一个灵活表达质量评估方法和融合方法的框架。Validata[47](Hansen et al. 2015)是一个在线工具，可根据用 ShEx[48](形状表达式)语言编写的当前模式测试 RDF 数据的一致性。Luzzu(一个用于链接开放数据集的质量评估框架，Debattista et al. 2016a)基于数据集质量本体(daQ[49])，实现了大约 30 个数据质量指标。

上述工具和方法在衡量或定义数据质量指标的方式上有所不同。在下文中，将描述四种方法，这些方法有助于定义指标，且能对之前定义的任务进行评估。

用于数据质量评估的 Sieve[50](Mendes et al. 2012)是一个由质量评估模块和数据融合模块组成的框架。[51]质量评估模块涉及以下四个要素。

(1) 数据质量指标定义数据集的一个方面，以证明数据集是否适合预期用途。例如，有关创建数据集的元信息、有关供应商的信息或消费者提供的评分。

(2) 评分函数根据质量维度定义质量指标的评估。评分函数包括简单的比较、过集(over set)函数、聚合函数，乃至更复杂的统计

---

46 见[46]。
47 见[47]。
48 见[48]。
49 见[49]。
50 见[50]。
51 我们将在有关知识丰富的内容中解释这个融合模块。

函数、文本分析或网络分析方法。一组评分函数见表 2.1。

(3) 评估指标根据指标和评分函数(例如新鲜度和声誉)计算评估分数。评估指标可分为三类，即基于内容、基于上下文和基于评分的指标。

(4) 聚合指标允许用户聚合可生成新评估值的新指标。例如，将平均值、总和、最大值、最小值或阈值函数应用于一组评估指标。

表 2.1　Sieve 中可用的评分函数

评分函数	例子
TimeCloseness	测量从输入日期(通过路径表达式从输入元数据获得)到当前(系统)日期的距离。范围之外的日期(以天数为单位)接收值为 0，而最近的日期接收值更接近 1
Preference	为每个以空格分隔的列表形式提供的图形 URI 分配递减的、均匀分布的实数值
SetMembership	如果作为输入提供的指标值属于表示为参数的集合，则赋值 1，否则赋值 0
Threshold	如果作为输入提供的指标值高于表示为参数的阈值，则赋值 1，否则赋值 0
IntervalMembership	如果作为输入提供的指标值在表示为参数的区间内，则赋值 1，否则赋值 0。

使用语义网络资源进行数据质量管理(Fürber 和 Hepp 2010b)使用知识库作为可信参考，提出了使用 SPARQL 查询处理数据质量问题的方法。下面将描述这种方法所解决的问题。

(1) 缺失文字值定义了两类缺失值：①绝对不能缺失的值，例如，附加到数据类型属性的空文字值，以及②在特定上下文中绝对不能丢失的值，例如，某实例中缺失特定数据类型属性。

(2) 错误文字值是指①虚构值，②错误值，③语法错误的值，④过时的值。

(3) 如果依赖字面值获得正确值集之外的值，则会出现功能依赖冲突。例如，比较一组实例的属性和值，以识别哪些实例的值组合与可信知识库中的值组合不同。

SDType[52](Paulheim 和 Bizer 2013)提出关注实例之间关系的统计分布，以使用加权投票来推断它们的类型。对于数据集中的每个关系，关系的宾语位置都有一个针对类型的统计分布。例如，DBpedia 中位置属性用于 24 601 条语句，分布如表 2.2 所示。因此，给定一个语句(X，位置，Y)，SDType 可在一定统计精度推断 X、Y 是一个地点，概率分别为 69% 和 87.6%。此外，SDType 为每个属性定义一个权重，用于衡量该属性与所有类型先验分布的偏差，也就是说，权重有助于减少通用属性的影响。

表 2.2　dbpedia-owl:location 属性在 DBpedia 中的类型分布(Paulheim 和 Bizer 2013)

类型	主语	宾语
owl：事物		
dbpedia-owl：场所		
dbpedia-owl：人员密集场所		
bpedia-owl：建筑结构		
dbpedia-owl：聚居地		
dbpedia-owl：建筑物		
dbpedia-owl：组织		
dbpedia-owl：城市		
…	…	…

解决范围违规(Lertvittayakumjorn et al. 2017)提出了一种方法，基于减少搜索空间和评分方法，以解决知识图谱中的范围违规错误。

(1) 减少搜索空间可将具有范围属性类型的所有实体的搜索空

52　类型统计分布(SDType)。

间减少到仅与错误三元组 t= (s, p, o)相关的实体。它生成一组候选宾语，宾语基于①链接到主语(s)的所有实体，②其片段包含根据宾语(o)生成关键字的实体，③链接到宾语(o)的实体。

(2) 计算分数可评估候选宾语就是三元组 t 正确宾语的可能性。为此，作者提出两种方法：①图方法，认为正确的宾语存在直接链接；②关键词法，认为从宾语(o)产生的关键词在候选宾语的片段中，并且首字母为大写。最后，对所有候选宾语进行排序。

上述方法可涵盖 2.4.2 节第 2 部分中定义的一项或多项任务。例如，Paulheim 和 Bizer(2013)可用于处理缺失实例断言的识别任务(即任务 4)，Fürber 和 Hepp(2010b)可识别错误和缺失的类型和属性值断言(即任务 2 和 5)，Lertvittayakumjorn et al.(2017)可解决错误属性值断言的识别任务(即任务 2)。Mendes et al.(2012)提出的方法定义了一些质量评估指标，这些指标无法解决 2.4.2 节中第 2 部分提到的任务。然而，这种方法可用于定义更多质量指标进行知识评估。

2.4.3　知识清洗

知识清洗目标是提高知识图谱的正确性，包括两个主要目标：

(1) 识别知识图谱中的错误断言(错误检测)

(2) 通过删除或修改来纠正错误断言(错误纠正)

为实现这些目标，可在知识图谱中添加、删除或修改断言。为评估语句的正确性，必须再次区分验证和确认(另见 2.2.3 节第 5 部分中评估语义标注的相关内容)。验证过程使用完整性约束的形式化规范评估知识图谱；参见 Garcia-Molina et al.(2009)。例如，除了 schema.org 定义的标准要求之外，对于例如生日、姓名或标识符等属性来说，可能还需要一个唯一的属性值。此外，需要验证应该准确描述领域的知识图谱。也就是说，我们验证知识图谱与所谓的真实世界的对应关系，而对于语义标注，只需要针对具有人类可读 Web 内容的虚拟世界进行验证。

在下文中，我们进行了简要的文献综述，定义了知识清洗包含的任务，介绍了一套适用于知识清洗的方法和工具，最后进行总结，并提出一个开放的研究问题作为结尾。

1. 文献综述

为提供高质量的数据，需要确保知识图谱的正确性，即无错误(Pipino et al. 2002)。文献(Batini 和 Scannapieco 2006；Paulheim 2017、2018a；Zaveri et al. 2016)提出了专注于错误检测或纠正方法。然而，很少有能够同时适用于检测和纠正两个任务的方法。例如，一旦检测到错误，错误断言将被删除，而纠正算法将尝试找到正确的实例或属性值断言。除了文献综述，我们还观察到 DBpedia 最常用于评估，许多情况下，这限制了结果对特定领域用例的重要性。

尽管如此，对错误进行仔细分析、识别和纠正是相关的。因此，根据知识表示形式，可区分和枚举知识图谱中所有可能的错误源。这里介绍每个错误源的相关文献，其中包括错误的实例断言(Esteves et al. 2018；Gangemi et al. 2012；Paulheim 和 Bizer 2013、2014；Nuzzolese et al. 2012；Liang et al. 2017；Sleeman 和 Finin 2013)，错误的属性价值断言(Debattista et al. 2016b；Lertvittayakumjorn et al. 2017；Melo 和 Paulheim 2017)，以及错误的相等断言(Esteves et al. 2018；Raad et al. 2018；Pernelle et al. 2018)。

我们观察到，大多数方法都专注于检测错误，而不是纠正错误。此外，只有少数方法附带一个已实现的工具，且没有一个现有工具涵盖了我们定义的所有任务。在错误检测方面，SDType(Paulheim 和 Bizer 2013)和 SDValidate[53](Paulheim 和 Bizer 2014)涵盖内容最全面，它们利用类型和关系的统计分布来检测错误的实例和属性值断言。在纠错方面，我们发现 Katara[54](Chu et al. 2015)可用于纠正错误的实例和属性值断言，HoloClean[55](Rekatsinas et al. 2017)可用于纠正

---

53 见[53]。
54 见[54]。
55 见[55]。

错误的属性值断言，LOD Laundromat[56](Beek et al. 2014)可用于纠正语法错误。

2. 任务类型

根据知识表示形式，我们尝试在断言集中检测以下错误。

(1) 检测错误的实例断言，isElementOf(i,t)。

- i 不是正确的实例标识符。
- t 不是现有的类型名称。
- 实例断言(语义上)错误。

(2) 检测错误的属性值断言，$p(i_1,i_2)$。

- p 不是正确的属性名称。
- i_1 不是正确的实例标识符。
- i_1 不在 p 的任何领域中。
- i_2 不是正确的实例标识符。
- i_2 不在 p 的范围内，其中 i_1 是 p 领域的元素。
- 属性断言(语义上)错误。

(3) 检测错误的相等断言，isSameAs(i_1,i_2)。

- i_1 不是正确的实例标识符。
- i_2 不是正确的实例标识符。
- 标识断言(语义上)错误。

我们的纠错方法必须处理这些错误类型：

(4) 纠正错误的实例断言，isElementOf(i,t)。

- i 不是正确的实例标识符：删除断言或纠正 i。
- t 不是现有的类型名称：删除断言或纠正 t。
- 实例断言(语义上)错误：删除断言或找到正确的 t。[57]

(5) 纠正错误的属性值断言，$p(i_1,i_2)$。

- p 不是正确的属性名称：删除断言或纠正 p。

56　见[56]。
57　找到一个合适的 i 既无规模也无意义。

- i_1 不是正确的实例标识符：删除断言或纠正 i_1。
- i_1 不在 p 的任何领域中：删除断言或添加断言 isElementOf(i_1,t)，其中 t 是 p 的领域。
- i_2 不是正确的实例标识符：删除断言或纠正 i_2。
- i_2 不在 p 的范围内，因为 i_1 是 p^{58}领域的元素：删除断言或为 i_1 添加适当的 isElementOf 断言。这样的断言添加了一个领域，其中 i_2 是属性范围的一个实例。或者，为 i_2 添加适当的 isElementOf 断言，将其转换为应用于 p 领域的属性范围的实例，其中 i_1 是该领域的一个元素。
- 属性断言(语义上)错误：删除断言或纠正断言。这种情况下，你应该定义正确的 i_2，或搜索更好的 p 或更好的 i_1。

(6) 纠正错误的相等断言，isSameAs(i_1,i_2)。

- i_1 不是正确的实例标识符：删除断言或纠正 i_1。
- i_2 不是正确的实例标识符：删除断言或纠正 i_2。
- 标识断言(在语义上)错误：删除断言或用 SKOS 操作符替换断言，但 SKOS 操作符不带有操作语义。[59]

查找并纠正这些错误，直到达到质量可接受的程度。这一过程需要手动、半自动和自动工具支持，概述如下。

3. 方法和工具

用于知识清洗的方法和工具有很多。首先根据清洗目标(例如，实例断言、属性值断言和相等断言)来区分方法。之后，我们描述了可用于知识纠正的工具。

- 实例断言。有一些方法可识别或纠正错误的实例断言，这些方法使用类型和属性的统计分布(Paulheim 和 Bizer 2013)、分离性公理(Ma et al. 2014)，监督机器学习和实体类型字典(Sleeman 和 Finin 2013)，以及关联规则挖掘(Hipp et al.

---

58 拥有相关知识的读者在这里可能认识到封闭世界与开放世界假设的隐含用法。
59 见[59]。

2000)。

- 属性值断言。为识别并纠正错误的属性值断言，有一些方法使用统计分布(Paulheim 和 Bizer 2014)、本体推理器(Ding et al. 2007)、维基百科页面(Lange et al. 2010；Muñoz et al. 2013)和异常值检测(Wien 和 Paulheim 2014；Fleischhacker et al. 2014)。

- 相等断言。解决错误的相等断言的方法包括异常值检测(Paulheim 2014)、约束(De Melo 2013)、逻辑验证(Papaleo et al. 2014)，以及实例的局部上下文(Raad et al. 2017)。

构建知识清洗工具可使用不同方法。这些方法使用统计分布(如 SDValidate 和 SDtype)、推论规则(如 SWIQA)、约束语言(如 SPIN[60])、解析器(如 LOD Laundromat)、统计分布和约束语言(如 HoloClean)或外部知识库(如 KATARA)。下面概述了现有的工具，这些工具涵盖了与识别或纠正错误断言相关的各种任务。

HoloClean(Rekatsinas et al. 2017)使用如完整性约束、外部数据和定量统计等方法来检测错误。HoloClean 的工作流程遵循三个步骤。首先，HoloClean 获取一个数据集，以及一组用于检测错误数据的方法和资源(例如拒绝约束、[61]异常值检测、外部字典或标记数据)。它将输入数据集拆分为一个干净的数据集。其次，基于 DDlog 程序生成的概率模型，HoloClean 为噪声数据集的值分配一个不确定性分数。[62]第三，HoloCLean 计算修复每个的值的边际概率。

KATARA(Chu et al. 2015)能识别正确和错误的数据，并为错误的数据生成可能的纠正。KATARA 流程包括三个步骤。首先，KATARA 允许用户选择目标数据表和可信知识库。其次，KATARA 识别可信知识库中目标数据的模式(类型和关系的一致性)，并由用

60　见[60]。

61　"拒绝约束概括数据库中广泛使用的许多其他完整性约束"，见[61]。

62　DDlog 是用于编写 DeepDive 应用程序的高级语言，DDlog 程序是声明和规则的集合。见[62]。

户验证模式。第三，如果每个值在可信知识库中具有类型，每个元组(值对)在可信知识库中具有关系。则 KATARA 将它们标注为正确，否则为错误。

SDValidate(Paulheim 和 Bizer 2014)使用统计分布来评估(置信度评分)语句的正确性。SDValidate 包括三个主要步骤。首先，SDValidate 计算每个语句的相对谓语(谓语/宾语组合)频率。例如，选择频率较低的语句进行详细分析。其次，对于第一步中选择的每个语句，SDValidate 使用属性和类型(谓语的主语/宾语组合)的统计分布，为每个语句分配一个置信度分数。第三，SDValidate 应用一个置信度阈值，高于该阈值的语句被认为是正确的。同样，SDType(见2.4.2 节的第 3 部分)可应用统计分布来检测类型断言错误。

SPIN(SPARQL 推理表示法)是一种基于 SPARQL 的约束语言。SPIN[63]根据语义网络上的数据质量问题(如不一致性、缺乏可理解性、异质性和冗余等)生成 SPARQL 查询模板(Fürber 和 Hepp 2010a)。例如，缺少数据类型属性、违反函数依赖关系、错误输入错误和违反唯一值(Fürber 和 Hepp 2010b)。如今，SPIN 已变成SHACL，[64]成为一种用于验证 RDF 图的语言。

LOD Laundromat(Beek et al. 2014)是一个清洗链接开放数据的平台。LOD Laundromat 将 SPARQL 端点或存档数据作为入口数据集，尝试猜测序列化格式(用于存档数据)，在解析 RDF 时使用库[65]识别语法错误，并以规范格式保存 RDF 数据。

TISCO[66](Rula et al. 2019)旨在确定事实时间范围(即事实有效的时间间隔)。TISCO 遵循三个步骤。

(1) 时间证据提取从 Web 和 DBpedia 中提取给定事实的信息。TISCO 使用 DeFacto 框架实现提取，[67]该框架返回给定事实的可能

---

63 用五张幻灯片介绍 SPIN，见[63]。

64 Shapes 约束语言(Shapes Constraint Language，SHACL)是 W3C 的官方推荐。见[64]。

65 为识别语法错误，LOD Laundromat 使用 SWI-Prolog 语义网库。

66 TISCO，见[66]。

67 DeFacto，见[67]。

证据。然后，TISCO 返回给定事实的所有日期及其出现次数的列表。

(2) 匹配应用局部和全局方法来规范时间范围。局部归一化采用事实的相对频率，而全局归一化考虑共享相同主题的所有事实的频率。匹配函数返回与事实相关的区间-事实显著性矩阵(即与多个时间间隔相关的事实)。

(3) 选择和推理选择与事实相关的时间间隔。一旦有一组显著性矩阵，TISCO 就会应用两个函数。①Neighbour-x 函数选择具有最大显著性分数的时间间隔的邻域。②Top-k 函数选择显著性与最显著区间足够接近的区间。最后，TISCO 使用 Allen 区间代数[68]来合并与一个事实相关的两个时间区间。

上面提到的工具部分涵盖了我们定义的任务。例如，SDType 检测错误的实例断言(任务 1)，SPIN 识别函数依赖违规(任务 2 的一部分)，LOD Laundromat 允许检测和纠正语法错误(任务 2 和 5 的一部分)。SDValidate 部分识别错误属性值断言(任务 2 的一部分)，KATARA 识别并纠正错误属性值断言(任务 2 和 5 的一部分)，HoloClean 可用于检测和纠正错误属性值断言(任务 2 和 5 的一部分)。

4. 小结

我们展示了文献综述，定义了解决知识图谱清洗的任务。此外，描述了错误检测和纠正的方式、方法和工具。我们考虑了正确性质量维度，并专注于解决 2.4.3 节第 2 部分中描述的六个任务，这帮助我们计算知识图谱的正确性。

最后，我们观察到，处理知识图谱清洗仍然需要适当的工具和方法。我们相信知识验证和确认将变得更重要，因为上面提到的方法和工具都不能涵盖所有定义的任务。

---

68 Allen 区间代数，见[68]。

2.4.4　知识丰富

知识丰富的目标是通过添加新语句来提高知识图谱的完整性。知识丰富的过程始于识别新的相关知识源。然而，发现新资源并不总是一项简单任务。例如，大型科技公司已开始努力地组织知识(Dong 和 Srivastava 2015)，这意味着信息会有内部和外部异质性和重叠。对于开源来说，LOD 云的规模不断扩大[69]给识别相关知识源带来挑战。因此，识别特定任务或领域的潜在知识来源是一项具有挑战性的任务(Lalithsena et al. 2013；Gunaratna et al. 2014)。在旅游用例中，除了开源外，我们还专注于专有知识源，例如 feratel、[70]intermaps、[71]Outdooractive[72]等。旅游用例需要一个手动过程来识别和访问知识来源，也需要一个法律谈判过程。因此，将这种过程机械化的可能性非常有限。

一旦确定了相关的知识源，就开始将 TBox 和 ABox 语句从该知识源集成到知识图谱中。从这个意义上讲，Bleiholder 和 Naumann(2009)确定了与此相关的以下三个问题。

关于 TBox 的集成：

问题 1。合并或对齐不同的模式

关于 ABox 的集成：

问题 2。确定(缺少 isSameAs 语句)并解决重复项

问题 3。无效的属性语句，例如领域/范围违规和一个属性具有多个值(在数据质量文献中，也称为矛盾或不确定属性值解析)

因为假设已将所有潜在的数据源映射到 schema.org(参见 2.2节)，所以将跳过问题 1。[73]也就是说，将专注于问题 2 和 3(也在 2.4.4节第 2 部分中进行了描述)。下面将提供关于知识丰富的文献综述，

69　见[69]。另见 West et al.(2014)中自动化知识完成的方法。

70　见[70]。

71　见[71]。

72　见[72]。

73　可参见 Batini et al.(1986)。

介绍相应的具体任务，研究解决这些问题的相关方法和工具，并在本节末尾进行总结和展望。

1. 文献综述

知识在所有企业中都是宝贵资产(Wang 1998；Wang 和 Strong 1996；Pipino et al. 2002)。知识被不断收集和维护，以满足多种目的，为企业的所有数据资源提供通用的统一视图，以支持企业的应用程序。例如，大型科技公司已投资于知识源管理，目的是改进其所有 Web 规模的服务(Pan et al. 2017b)。这种情况下存在一个基本问题，就是如何为给定任务发现相关知识源，因为它们的知识源是异构的、不完整的，并且彼此之间存在信息重叠。为解决这个问题，需要使用人工神经网络模型和本体匹配方法(Rubiolo et al. 2009；Stegmayer et al. 2007)以及 SEMINT(Li 和 Clifton 2000)等工具。

可以说，知识管理与数据管理有一些共同目标[74]：数据访问、数据质量、数据清洗、数据集成等。至少，知识管理面临着数据管理领域几十年来一直面临的许多挑战(Wang 1998；Wang 和 Strong 1996；Pipino et al. 2002；Batini 和 Scannapieco 2006)。因此，当谈论知识丰富时，也可参考数据融合。"数据融合是集成多个数据源，以提供比任何单个数据源更一致、准确和有用信息的过程。"[75]尽管如此，为产生更一致、准确和有用的知识，我们必须特别处理以下问题。

- 实体解析：派生新的 isSameAs(instance1, instance2)(Halpin et al. 2010)断言并对齐这两个标识符的描述(即属性断言)。可参见 Batini 和 Scannapieco(2006)第 5 节、Bhattacharya 和 Getoor 2007、Christophides et al.(2015)、Getoor 和 Machanavajjhala (2012)、Paulheim (2017, 2018a)。

- 解决冲突属性值断言：处理诸如 $P(i_1, i_2)$、$P(i_1, i_3)$ 且 $i_2 \neq i_3$ 的情况以及 P 有唯一值约束情况；参见 Batini 和 Scannapieco(2006)

74　见[74]。
75　见[75]。

第 6 节、Dong et al.(2014b)、Dong 和 Naumann (2009)、Dong 和 Srivastava (2015)、Paulheim (2017)和 Paulheim(2018a)。这是指错误检测和纠正。

作者姓名消歧[76]、数据去重[77]、实体链接[78]、身份解析[79]、记录链接[80]、模式匹配[81]和单实例存储[82]是一个问题的不同概念框架，这一问题与计算机科学一样古老。例如，记录链接可追溯到1946 年的出版物(Dunn 1946)，发现语法上不同的标识符指的是同一个实体；见图 2.15。

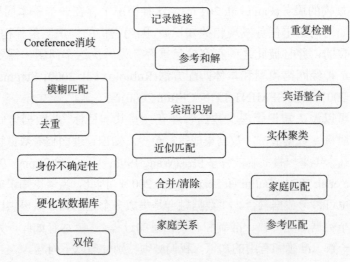

图 2.15 一个难题的多个名称；见 Getoor 和 Machanavajjhala (2012)

这种名称混淆有力地表明，我们谈论的是一个真实而困难的问

---

76 见[76]。
77 见[77]。
78 见[78]。
79 见[79]。
80 见[80]。
81 见[81]。
82 见[82]。

题，而不仅是基于单一科学社区的特定观点构建的人工制品。[83]

2. 任务类型

知识丰富目标是提高知识图谱的完整性。为实现这个目标，将定义两个任务。

(1) 识别和消除重复项(缺少 isSameAs(i_1, i_2)断言)。

(2) 消除冲突的属性值断言。

为解决这些任务，需要向知识图谱中添加新语句。2.4.1 节给出了最大简单知识表示形式，基于此，我们尝试添加或删除以下断言。

- 添加缺少的实例断言：isElementOf(i,t)。
- 添加或删除属性值断言：$p(i_1, i_2)$。
- 添加缺少的相等断言：isSameAs(i_1, i_2)。

为识别和消除此类断言以达到合理的涵盖范围，需要手动、半自动和自动工具支持，概述如下。

3. 方法和工具

解决上述任务的方法和工具有很多(即识别和消除重复项，以及消除冲突的属性值断言)。消除重复项可能导致一些必须消除的属性值冲突。在下文中，我们将描述①识别重复项的方法，②消除重复项的方法和工具，③消除冲突属性值断言的方法和工具。

(1) 识别重复项的方法

识别知识图谱中的重复项是一项具有挑战性的任务。为解决这个问题，一些作者使用的方法和技术基于字符串相似性度量(Winkler 2006)、关联规则挖掘 (Hipp et al. 2000)、主题建模(Sleeman et al. 2015)、支持向量机(Sleeman 和 Finin 2013)、基于属性(Hogan et al. 2007)、众包数据(Getoor 和 Machanavajjhala 2013)和面向图的技

---

83 "虽然实体消歧和解析是语义网络中的一个活跃研究领域，且已在知识图谱中存在数年，但令人惊讶的是，它几乎仍然是整个行业的最大挑战之一。最简单形式的挑战在于为话语或实体分配唯一的标准化身份和类型"(Noy et al.2019)。不，围绕相等的主要问题显然不足为奇。参见 Halpin et al.(2010)。

术(Korula 和 Lattanzi 2014)。此外，有一些方法旨在识别特定域的重复项。例如，大学数据源(Glaser et al. 2009)、音乐数据集(Raimond et al. 2008)、不同的 DBpedia 语言版本(Aprosio et al. 2013)、包含地理空间数据的数据源(Giannopoulos et al. 2014)或社交媒体平台(Campbell et al. 2016)。此外，有一些方法专注于形式化实体解析，如(Benjelloun et al. 2009)定义了四个属性(即幂等性、[84]交换性、[85]关联性[86]和代表性[87])，以帮助算法解决实体解析问题。[88]

(2) 消除重复项的方法和工具

实体解析在不同领域中都已成为重要学科；因此，研究者已开发了多种方法和工具来解决它及其相关问题。下面将介绍一些有助于解决此问题的工具。

- ADEL(Adaptable Entity Linking，适应性实体链接，见 Plu et al.(2017))旨在识别文本实体，并为已识别实体生成指向外部知识源的链接，见 isSameAs(i_1,i_2)。ADEL 提出一种基于实体的标签和流行度来索引和链接数据的方法，它的配置如下：①提取器基于不同的提取器从文本中提取可能的实体(参见 Plu et al. 2017)。②索引定义要索引实体的特征属性，如 id、标签和分数。③实体链接为每个提取的实体生成一个候选实体列表，并定义链接方法，如 Levenshtein distance[89]。

- Dedupe[90]是一个 Python 库，使用机器学习查找数据集中的重复项。Dedupe 可用于两种情况：①识别数据集中的重复项，②查找两个数据集之间的匹配项。对于第一种情况，

---

84 见[84]。
85 见[85]。
86 见[86]。
87 代表性属性的含义是，通过合并两个记录 r1 和 r2 获得的记录 r3 "代表" 原始记录，使得任何匹配 r1(或通过交换性匹配 r2)的记录 r4 也将匹配 r3(Benjelloun et al. 2009)。
88 后面讨论的一些工具也涵盖重复识别，但在更广泛的丰富需求的背景下进行讨论。
89 见[89]。
90 见[90]。

Dedupe 需要一个凌乱的 CSV[91]输入数据集和一个训练示例数据集(由用户输入)。对于第二种情况，Dedupe 采用两个数据集及其字段名称和标记的训练示例。训练示例是 Dedupe 的核心。将匹配的输出和附加列添加到输入数据集，该附加列引用 Dedupe 分配给分组实体的集群 ID。

- Duke[92](Garshol 和 Borge 2013)是一种用于识别不同来源内部和来源之间重复实体的工具。首先，Duke 加载数据源，如 CSV、JDBC、SPARQL、NTriples 和 JSON。其次，Duke 调用一个清洗器，适用于字符串清洗器(LowerCase、DigitsOnly 和 Trim)、可配置清洗器(Regexp、MappingFile 和 Parsing)以及解析清洗器(PhoneNumber、PersonName、Address、CompanyName)。第三，Duke 使用 Lucene[93]索引数据并找到潜在的匹配项。第四，Duke 比较两个字符串值，并产生相似性度量；使用字符串比较器(Levenshtein、Jaro-Winkler、QGram[94])、简单比较器(Exact、Differential)、专用比较器(Geoposition、Numeric、PersonName)以及语音和标记集比较器。

- Legato[95](Achichi et al. 2017)是一种基于索引技术的链接工具。Legato 执行以下步骤：①数据清洗，从两个输入数据集中过滤属性。例如，无法帮助比较属性：has_note 和 has_comment。②实例分析，基于简明有界描述[96]为源创建实例配置文件。③预匹配，应用索引技术(采用 TF-IDF[97]值)、过滤器(如标记化[98]和停用词去除)和余弦相似度，预选实体

---

91 见[91]。
92 见[92]。
93 见[93]。
94 见[94]。
95 见[95]。
96 见[96]。
97 见[97]。
98 见[98]。

65

链接。④链接修复，针对目标源验证每个生成链接。

- LIMES[99](Ngomo 和 Auer 2011)是一种发现源数据集和目标数据集之间的链接的方法。LIMES 包括三个步骤：①为目标数据集生成一组不同示例，代表度量空间的一部分；[100] ②计算数据源的每个资源与每个示例之间的距离；③匹配距离近似值小于给定阈值的数据目标的所有实例。

- SERIMI(Araújo et al. 2011)有助于匹配两个数据集之间实例。SERIMI 包括三个步骤：①属性选择，允许从源数据集中选择相关属性；②通过字符串匹配从目标数据集中选择候选者；③通过应用 Tversky 对比模型[101]测量每个候选者的相似度，消除候选者歧义，该模型返回一定程度的置信度。

- Silk[102](Volz et al. 2009)是实现实体链接框架。Silk 处理三个任务：①链接发现，定义相似性度量，以计算一对实体的总相似度值(参见表 2.3)；②评估生成链接的正确性和完整性；③维护数据协议，允许源数据集和目标数据集交换生成链接集。例如，当源数据集发布一组指向目标数据集的链接时，协议会通知目标数据集。

表 2.3　Silk 中可用的相似度指标

相似度指标	描述
Jaro 相似度	基于 Jaro 距离度量 [a] 的字符串相似度
Jaro-Winkler 相似度	基于 Jaro-Winkler 度量 [b] 的字符串相似度
qGram 相似度	基于 q-gram 的字符串相似度
字符串相等	当字符串相等时返回 1，否则返回 0
num 相似度	百分比数值相似度
日期相似度	两个日期值之间的相似度

99　见[99]。
100　见[100]。
101　见[101]。
102　见[102]。

(续表)

相似度指标	描述
URI 相等	如果两个 URI 相等则返回 1，否则返回 0
分类相似度	基于两个概念的分类距离的度量
最大相似度集合	返回比较单个项目与集合中所有项目时遇到的最高相似度
SetSimilarity	两组项目之间的相似度

[a] Jaro 距离度量是测量两个序列之间的编辑距离的字符串度量。

[b] Jaro-Winkler Similarity 是 Jaro 距离度量的变体。

(3) 消除冲突属性值断言的方法和工具

将新知识源集成到知识图谱后的实体解析只是冰山一角，因为随之而来的问题更复杂。例如，一旦将两个或多个实例之间的相等断言添加到知识图谱中，或添加新实例或属性断言，它们属性值可能导致无效属性值断言或相互冲突。因此，为消除这些冲突属性值开发了一些工具，下文将进行介绍。

- FAGI[103](Giannopoulos et al. 2014)是一个融合地理空间数据的框架，具有以下组件：①Transformation 根据所使用词汇对数据进行规范化。②Processing 索引数据以产生用于融合的相似度分数。③Fusion 使用属性映射、相似度评分计算、融合策略推荐等方法执行融合过程。此外，Fusion 会建议实体链接或建议删除现有链接。④最后，Learning 训练用于生成融合策略建议的机器学习模型。

- FuSem(Bleiholder et al. 2007)是一个实现了五种方法来融合数据集冲突值的工具。它利用不同 Outer Join[104]和 Union SQL 的操作实现来组合两个数据源。作者还描述了如何通

103　见[103]。

104　见[104]。

过分组解决不一致问题，以及如何使用 FuseBy 语句解决聚合问题，该语句扩展 SQL 语法以支持数据融合操作 (Bleiholder 和 Naumann 2009)。此外，FuSem 允许用户使用 ConQuer 假设一组关键约束及其查询(Fuxman et al. 2005)。

- HumMer(Bilke et al. 2005)是一个由四个组件组成的工具：①查询语言，HumMer 使用 Select-Project-Join[105]查询对数据进行排序、分组和聚合。例如，HumMer 使用表列名来标识不同表中相同属性。②模式匹配，使用基于实例匹配算法检测数据集之间的重复，然后获取数据集之间属性对应关系。例如，HumMer 使用 TF-IDF 相似度。[106]③重复检测，利用相似度度量(如编辑距离[107]和一些数值距离函数[108])，然后在输入数据集中添加一个新的 objectID 列，指示重复标识符。④解决冲突，使用 CHOOSE(返回特定数据源提供的值)或 VOTE(返回最常出现的值)等策略解决冲突值；详见 (Bilke et al. 2005)。最后，将相同的 objectID 值融合到一个元组中。

- KnoFuss[109](Nikolov et al. 2008)使用不同的方法提供数据融合。KnoFuss 的工作流程概述如下：①接收将要集成到目标数据集的数据集；②使用 Jaro-Winkler 相似度方法执行共同引用，利用本体约束检测冲突，并使用 Dempster-Shafer 理论解决不一致；[110]③生成一个将集成到目标数据集的数据集。

- ODCleanStore(Knap et al. 2012)是一个用于清洗、链接、质量评估和融合 RDF 数据的框架。融合模块允许用户根据出

---

105 Select-Project-Join Expressions 是一个关系代数表达式，只包含选择、投影和连接。见 [105]。
106 见[106]。
107 见[107]。
108 见[108]。
109 见[109]。
110 见[110]。

处和质量元数据配置冲突解决策略，例如，①从冲突值中选择任意值的 ANY、MIN、MAX、SHORTEST 或 LONGEST；②计算冲突值的 AVG、MEDIAN 和 CONCAT；③选择具有最高(BEST)总质量的值；④选择时间最新(LATEST)的值；⑤保留所有输入值。

- Sieve(Mendes et al. 2012)是一个由两个模块组成的框架：质量评估模块(见 2.4.2 节的第 3 部分)和数据融合模块(参见下文)。数据融合模块描述了用于融合冲突值的各种融合策略。

此融合模块具有以下元素。

(1) Fusion 描述了数据融合策略名称和描述，例如 name = "Fusion strategy for DBpedia City Entities"。

(2) Class 定义了属于给定类的输入子集，例如 Class= "dbpedia:City"。

(3) Property 定义了应用 FusionFunction 的属性，例如 property name = "dbpedia:areaTotal"。

(4) FusionFunction 指定用于融合给定属性的 FusionFunction 类(表 2.4)。例如，FusionFunction class= "KeepValueWithHighestScore" metric ="sieve:lastUpdated"。

表 2.4　Sieve 中可用的融合函数

融合函数	描述
Filter	删除输入质量评估指标低于给定阈值的所有值
Keep SingleValueByQualityScore	只保留具有最高质量评估的值
Average, max, min	取平均值，选择给定数值属性的所有输入值最大值或最小值
First, last, random	取给定属性的第一个、最后一个或某个随机位置元素
PickMostFrequent	选择在冲突值列表中出现频率更高的值

注意，当解决来自不同来源的属性值冲突时，需要知道哪个数

据源是可靠的。例如，可应用投票策略，并对更可靠的数据源给予更高的投票。

真相发现技术通过估计每个来源的可靠性来集成噪声数据(Li et al. 2016)。下面将介绍一些现有的用于发现真相的方法。

- Kleinberg(1999)提出一种发现"权威"页面的算法，该算法基于一组权威页面和中心页面之间的关系。Borodin et al.(2005)试图按同一想法改进所提出的方法，探索了计算中心和权威权重的链接分析排名算法，如 Indegree、[111] PageRank、[112]Hits、[113]和SALSA[114]算法。作者提出了新算法，如 Hub-Averaging、Authority Threshold、Max 和 Breadth- First-Search，这些算法修改了 Hits 和 Indegree 算法，使其可应用于特定用例。

- Dong et al.(2009a)提出一种方法，该方法应用贝叶斯分析[115]来评估数据源之间依赖关系，并从冲突信息中发现真实值。对于有冲突的数据，Dong et al.根据数据源中数据的出度来计算对特定值的投票。然后，为找到真实值，Dong et al.提出一种称为 VOTE 的算法，该算法将具有最大投票数的值作为真实值。同时，Dong et al.利用隐马尔可夫模型[116]来发现复制源。

- Wu 和 Marian(2007)提出一种对来自不同来源(如网站)查询答案进行排名的方法。排名基于报告每个答案来源的重要性和相似性。为定义答案的重要性，他们的做法是：①确定答案；②考虑来源重要性，例如信息的重复度和答案的突出度，汇总相似答案的相关性得分；③证实一组来源中

---

111 见[111]。
112 见[112]。
113 见[113]。
114 见[114]。
115 见[115]。
116 见[116]。

答案的频率。

- Menestrina et al.(2010)基于编辑距离提出一种距离度量，称为广义合并距离(Generalized Merge Distance，GMD)，用于实体解析，这是其他领域(如字符串到字符串匹配)的常见度量。此外，他们提出了一种 Slice 算法来计算 GMD。

4. 总结

知识丰富是一项艰巨而重要的任务。当前文献表明，有些工具有助于解决重复检测和解决冲突属性值问题。因此，可使用 ADEL、Duke、Dedupe、Legato、LIMES、SERIMI 和 Silk 添加缺失的相等断言，可使用 FAGI、FuSem、HumMer、KnoFuss、ODCleanStore 和 Sieve 添加缺失的实例和属性断言。我们已看到，大多数工具都需要预先配置才能开始工作，如 Silk 和 Sieve。此外，大多数方法都侧重于单个类型的用例。例如，FAGI 专注于地理空间数据。

最后，我们注意到仍然存在一些悬而未决的问题，例如如何有效地扩展方法以处理具有数十亿或数万亿个三元组的知识图谱，以及如何在更新的知识图谱中有效且高效地表示合并实体。

2.4.5　知识管理综述

schema.org 是一种相当有限的知识表示形式。例如，我们没有完整性约束。我们不能表示一个属性对某个属性具有唯一值。然而，这种冲突属性值是集成多个数据源以丰富知识时的典型结果。我们已使用 Shapes Constraint Language (SHACL)[117]定义了 schema.org 扩展，以将此类方法添加到我们的简单知识表示形式中(参见附录)。

此外，我们讨论的对断言的真值赋值是一种简单的 false/true，而不是某种可能性或给定上下文(其中断言被评估为某个真值)。定义偏好、排名和概率为知识管理提供了更广泛、更有用、更重要、

117　见[117]。

更复杂的方法。显然，我们必须防止自己进入超级复杂的信念修正领域[118]。

总之，知识管理仍然是一个新兴科学领域，需要进行更多努力为其开发适当方法论、方法和工具(Paritosh 2018)。

2.5 知识部署：投入实用

此处，链接开放数据(Linked Open Data，LOD)这一主题开始发挥作用。LOD 是一种公开发布数据的方法，该方法根据一些原则，以语义技术为基础，通过隐含的机器读取和可解释性使得数据易于重复使用(Bizer et al. 2008)。要介绍链接开放数据(Linked Open Data)这一术语，首先需要分别解释开放数据和链接数据这两个术语，LOD 由这二者组成。根据《开放数据手册》，[119]开放数据是"……任何人都可以自由使用、重复使用和重新分配的数据"(Dietrich et al.. 2009)。根据 Bizer et al.(2009)的定义，链接数据"是一种发布结构化数据的方法，使其可相互关联，并通过语义查询变得更加有用。"链接开放数据是作为开放数据发布的链接数据或作为链接数据发布的开放数据。根据 Janowiczet al.(2014)，可通过应用 5 个星级标准来衡量 LOD 的质量：

(1) 如果数据是在开放许可下提供的，那么数据集将获得一星。

(2) 如果数据可用作结构化数据，则为两星。

(3) 如果数据在非专有格式下也可用，则为三星。

(4) 如果使用了 URI 以便引用数据，则为四星。

(5) 如果数据集链接到其他数据集以提供上下文，则为五星。

LOD-cloud 是一组 LOD 集合，所有这些集合都根据五星标准发布。截至 2018 年 11 月 25 日，云中有 1365 个数据集，其中包含超过 16 000 个链接，描述了地理、生命科学、媒体、社交网络等领域。

---

118 见[118]。

119 见[119]。

要存储 LOD，知识图谱(如上所述)是一种合适的格式。通常，可通过 SPARQL 端点查询数据(Harris et al. 2013)。

我们将 Tirol 知识图谱(Tirol Knowledge Graph，TKG)构建为一个五星链接开放数据集，发布在提供 SPARQL 端点的图数据库中(Kärle et al. 2018)，用于提供奥地利蒂罗尔的旅游数据。TKG 目前包含有关旅游基础设施的数据，例如住宿企业、餐馆以及旅游兴趣点、活动和食谱等。TKG 数据分为三类：静态数据是很少变化的信息，如酒店地址、兴趣点描述等。动态数据是快速变化的信息，例如酒店空房和价格。活跃数据描述了可执行的操作，例如，可通过 TKG GraphDB 平台访问的购买描述或预订 Web API [120](有关详细信息，请参阅 4.3 和 4.4 节)。

通过抓取网站或从专有数据源映射到使用 schema.org 作为本体的知识图谱来收集数据。因此，仅考虑包含 schema.org 标注数据的网站，且数据源始终在存储之前映射到 schema.org。抓取器在 semantify.it 标注平台内实现(Kärle et al. 2017)，称为 broker.semantify.it。根据旅游网站的 URL 列表，数据会被定期收集，然后存储在图中。该映射适用于不同数据源，如 Feratel、[121]General Solutions、[122] Infomax、[123] 和 Tomas[124](Panasiuk et al. 2018b, c)。数据主要通过 SOAP 或 REST API 检索，最初以 XML 或 JSON 格式提供。为获取这些数据，将其转换为 schema.org，并定期存储在知识图谱中，需要在 semantify.it 中实现定期执行的封装器。映射要么在 NodeJS 中以编程方式实现，要么通过映射语言 RML 实现 (Dimou et al. 2014)。

截至 2018 年 11 月 25 日，TKG 包含大约 50 亿条语句，其中 55%是显式语句，45%是推断语句。知识图谱每天增长约 800 万条语句。数据保存在大约 2000 个子图中，其中每个子图代表每个数据

---

120 见[120]。
121 见[121]。
122 见[122]。
123 见[123]。
124 见[124]。

源的一个导入过程。TKG 包含 200 多种实体类型；最常用的如表 2.5 所示。

为展示 TKG 的可能性并评估其可用性，我们构建了几个试点。

(1) 对话驱动的房间预订：许多被抓取的网站是互联网预订引擎供应商 Easybooking 的客户。[125]源代码中的特征(即识别网站为 Easybooking 客户)是已知的，Easybooking 的预订 API 结构也是已知的。我们开发了一种 Alexa 功能(skill)，可通过 TKG 以语音方式预订 Easybooking 酒店。如果某家酒店要求展示功能，它会向 webhook 发送请求。结果(可选酒店列表)会返回给功能，供用户读取。该列表还包含预订 API 的带标注的 API 描述。因此，如果用户决定预定，则可通过语音命令执行预订。

表 2.5 TKG 中使用的前十个实体

Entity	Count
schema: Thing	453,841,147
schema: CreativeWork	175,787,490
schema: MediaObject	175,746,110
http://purl.org/dc/dcmitype/Image	175,735,868
schema: ImageObject	175,735,868
schema: Intangible	172,124,244
schema: StructuredValue	155,482,666
schema: Place	60,996,190
schema: ContactPoint	53,155,166
schema: PostalAddress	51,706,023

(2) 展示对话系统：如 Şimşek、Fensel(2018b)以及 Panasiuk et al. (2018a)所述，我们构建了两个从图中获取数据的对话系统。一个

---

125 见[125]。

(Panasiuk et al. 2018a)回答有关远足旅行或营业时间等旅游问题。另一个(Şimşek 和 Fensel 2018b)更进一步，完全基于从知识图谱中获取的数据进行通用对话。

(3) 旅游区价格时间序列分析：由于所有报价(如果可用)都被永久存储，因此可进行时间序列分析。我们比较了两个旅游区在一段时间内的价格发展。时间序列分析与知识图谱完美结合，是知识图谱在旅游领域的一个很有前景的应用方式。

TKG 向 FAIR 发展。FAIR[126]是一个首字母缩写词，代表可查找性、可访问性、互操作性和可重用性。Wilkinson et al.(2016)提出 FAIR，旨在提供原则来提高已发布数据集的机器可访问性。TKG 旨在遵循这些原则，并不断改进采用方式，目前已有以下措施。

- 可查找性：数据是被唯一标识的，并遵循 RDF 原则使用元数据进行描述。
- 可访问性：可通过 Web UI、HTTP 或 SPARQL API 访问数据。不需要身份验证或授权。
- 互操作性：SPARQL 语言用于访问数据，这是 W3C 的推荐语言。描述数据的词汇表是 schema.org，是描述 Web 上数据的实际标准。
- 可重用性：数据是公开可用的，出处明确，并且符合与领域专家共同创建的领域相关社区标准。

图 2.16 显示一个来自 Tirol 知识图谱的查询示例，该查询检索了 Mayrhofen 地区的所有住宿企业。

---

126 见[126]。

```
PREFIX schema: <http://schema.org/>
SELECT DISTINCT ?name ?street ?location ?zip WHERE {
        ?s a schema:LodgingBusiness;
        schema:name ?name;
        schema:address ?address.
        ?address schema:addressLocality ?location;
        schema:streetAddress ?street;
        schema:postalCode ?zip.
FILTER (regex    (str(?locati    on), "Mayrhof    en") || rege    x(str(?location),
"Ginzling") || regex(str(?location), "Ramsau") || regex(str(?loca-
tion),
"Schwendau") || regex(str(?location), "Hippach") ||
regex(str(?location), "Brandberg"))
}
```

图 2.16　SPARQL 查询检索 Mayrhofen 地区所有住宿企业及其地址

查询结果包含 1475 个不同住宿企业；输出示例见表 2.6。

表 2.6　从 Tirol 知识图谱返回 Mayrhofen 地区所有住宿企业及其地址的查询结果集示例

Name	Street	Location	Zip
Wechselberger Lukas	Hochschwendberg 678	Hippach	6283
Aschenwald Ingrid	Zillerlände 489	Mayrhofen	6290
Sieghard, Das kleine Hotel mit der großen Küche	Johann-Sponring-Straße 83 Schwendau/Hippach	6283	
Haus Mauracher	Burgstall 346	Mayrhofen	6290
Veitlerhof	Schwendberg 322	Hippach	6283
Apartment Stock	Zillergrundweg 573	Mayrhofen	6290
…	…	…	…

Tirol 知识图谱的另一个查询示例返回 Seefeld 中的所有餐厅(见图 2.17)。

```
PREFIX schema: <http://schema.org/>
SELECT DISTINCT ?name ?street ?location ?zip WHERE {
    ?s a schema:Restaurant;
    schema:name ?name;
    schema:address ?address.
    ?address schema:addressLocality ?location;
        schema:streetAddress ?street;
        schema:postalCode ?zip.
    FILTER regex(str(?location), "Seefeld")
}
```

图 2.17　SPARQL 查询检索 Seefeld 的所有餐厅及其地址

此查询返回 324 家不同的餐厅；示例见表 2.7。

表 2.7　从 Tirol 知识图谱返回 Seefeld 的所有餐厅及其地址的查询结果集示例

Name	Street	Location	Zip
Hotel Hocheder	Klosterstr. 121	Seefeld	6100
Tiroler Weinstube	Dorfplatz 130	Seefeld	6100
Birkenlift Food and	Drink, Restaurant Leutascherstraße 634	Seefeld in Tirol	6100
Restaurant-Alt Seefeld	Olympiastr. 101	Seefeld	6100
Astoria Relax and Spa Hotel	Geigenbühelstr. 185	Seefeld	6100
Hirschen	Leithener-Dorf-Strasse 9	Reith bei Seefeld	6103

　　尽管 Tirol 知识图谱(TKG)每天都在增长，但仍存在许多断开连接的节点，因为 schema.org 词汇表的设计导致大量使用空白节点，而不是使用 URI 来标识事物。许多可作为 URI 的 Web 地址被编码

为 RDF 文字而非 URI。因此,从上面的查询中可看出,像 Mayrhofen 这样的地区或 Seefeld 这样的村庄是没有 URI 的,且查询必须使用 SPARQL 过滤器来区分。只有数据供应商在知识生成阶段使用适当的 URI,或进行知识管理,才能解决此问题。知识丰富的一个很好的实践方式是为此类实体找到适当的 URI 并得出必要的属性值断言。

Tirol 知识图谱目前由 Tyrolean 数据组成。但地理边界不应阻止 LOD 的努力。这就是为什么我们将与旅游领域的相关者合作,将开放旅游知识图谱的涵盖范围和知名度扩大到意大利和瑞士的所有德语地区以及奥地利和德国[127]。该倡议背后的工作组被称为 DACH-KG[128]。为实现德语国家及其他地区统一旅游知识图谱的宏伟目标,DACH-KG 工作组也在研究统一词汇。这个词汇表以 schema.org 为基础。除了 schema.org 的表现力外,DACH-KG 还对该词汇表进行扩展。由于与 schema.org 的关系密切,这些扩展将更加特定针对于领域且更具表现力,但仍然可被广泛理解。[129]

有关 Bing、eBay、Facebook、Google 和 IBM 的更多实际数据,见 Noy et al.(2019),其中报告了 Google 大约 10 亿个实体的 700 亿个断言。

然而,构建、实施和管理知识图谱非常耗时且成本高昂。集成来自异构信息源的大量事实并非是免费的(Paulheim 2018b),且根据机械化程度的不同,估计知识图谱中一个事实的平均成本为 0.1~6 美元。表 2.8 概述了关于一些知识图谱的大小,其中的信息是公开的。

表 2.8　一些知识图谱的数值概述,摘自 Paulheim(2017)

Name	Instances	Facts	Types	Relations
DBpedia (English)	4,806,150	176,043,129	735	2813
YAGO	4,595,906	25,946,870	488,469	77

127　见[127]。
128　见[128]。
129　见[129]。

（续表）

Name	Instances	Facts	Types	Relations
Freebase	49,947,845	3,041,722,635	26,507	37,781
Wikidata	15,602,060	65,993,797	23,157	1673
NELL	2,006,896	432,845	285	425
OpenCyc	118,499	2,413,894	45,153	18,526
Google's Knowledge Graph	570,000,000	18,000,000,000	1500	35,000
Google's Knowledge Vault	45,000,000	271,000,000	1100	4469
Yahoo! Knowledge Graph	3,443,743	1,391,054,990	250	800

这些成本是必须支付的。原则上，这种成本模型有两种选择：

- 数据消费者为此服务付费。访问这些数据一定对数据消费者有价值。
- 数据供应商为此服务付费，通常称为开放数据或链接开放数据。提供这些数据一定对数据供应商有价值。

同样，可区分专有知识图谱和公共知识图谱。例如，Google 知识图谱是 Google 的内部资源，用于改进 Google 回答质量。或者，公共知识图谱可为搜索产品和服务的机器人生态系统提供基础。这两个原理可能有多种变化和组合。

学术界更喜欢开放模型；然而，很明显，投资成本必须以适当的商业模式为后盾。免费提供基础设施可阻止使用成本作为资源分配程序的行为，就像垃圾邮件是免费电子邮件流量的结果，广告是 Web 上的主要商业模式一样(Vardi 2018)。

总之，这样的投资只有在具有目的性时才是合理的。对于像 Google 这样的搜索引擎，其目的在于改进搜索结果。许多业务实体看到了信息集成服务的价值，意识到信息集成服务可进一步为其业务提供便利。在后续章节，我们将在知识图谱上开发一个应用层，以促进面向目标、基于对话访问数据、内容和服务。显然，这可促使知识图谱变成电子营销和电子商务的强大资源。第 4 章将进一步讨论如何在商业环境中使用知识图谱技术。

第 3 章
使用知识图谱

摘要 智能个人助手正在改变我们访问 Web 信息的方式,就像数年前搜索引擎所做的那样。毫无疑问,实现这种 Web 消费方式的一个重要因素是网站上的 schema.org 标注。这些标注被提取出来,然后由搜索引擎和智能个人助手使用,以支持问答等任务。本章将解释基于内容、数据和服务标注构建知识图谱如何改进搜索引擎结果和会话系统。首先概述互联网、人工智能和 Web 历史,以及语义技术对发展这三种技术的贡献。然后展示知识图谱抽象层需求,我们可在其中创建不同的知识视图,以实现可扩展管理、推理和访问控制。最后展示知识图谱如何支持对话系统流程中不同位置的对话智能体;介绍服务标注的广阔前景,即有助于构建灵活系统,使该系统与通信网络服务分离。

3.1 引言

当前是在互联网上访问和共享信息的重大范式转变的开端。这并不是互联网第一次彻底改变我们的合作方式和交流方式。电子邮件几乎实现即时在线通信,Web 成为全球信息共享平台。两者都显著改变了市场营销和商业运作方式。目前,我们看到在它们之上出现了一个新的访问层。机器人和智能个人助手代表人类用户访问并汇总信息。人类不再需要与 Web 等较低级别进行交互，而可以相信他们最喜欢的机器人，由机器人代表人类进行交互。首先，这要求这些机器人能理解人类语言，包括书面用语和口语。其次，可用资源的描述不再需要直接提供给人类用户，而必须通过语义标注进行丰富，以获取机器可处理性和机器人可理解性。两者都需要人工智能的结果，例如自然语言处理和促进知识图谱的语义网络技术。构建和维护知识图谱是一项具有挑战性的工作。在本章，我们将重点关注基于对话的信息和服务的访问基础设施。第 3.2 节介绍人工智能和互联网技术的融合。第 3.3 节讨论如何访问知识图谱并优化与知识图谱的交互。我们引入这种架构，将其作为开放对话系统的一种手段，它不仅能回答问题，而且能基于语义标注的内容、数据和服务来指导对话，如第 3.4 节所述。[1]

3.2 融合人工智能和互联网

本节概述人工智能的发展及其在机器人 Web 中的应用。

3.2.1 人工智能 60 年回顾

许多研究人员将 1956 年达特茅斯夏季人工智能研究项目[2]提案作为人工智能研究的起点。一开始，考虑到当今存在的实际理论和实践手段，人们普遍对实现智能机器的态度都非常乐观。基本假设十分简单：

- 逻辑表达式可定义任何问题(或解决方案)。
- 可通过对这些逻辑语句应用形式推理引擎(一种定理证明器)来找到解决方案。

这种方法也被称为通用问题求解器[3]，因为它可应用于任何问

---

1 与之相比，(Singh et al., 2018)具有相同的目标，但提议将不同任务更紧密地联系起来。
2 见[2]。
3 见[3]。

题。但这种方法不能部署智能，因此没有提供可扩展的解决方案。逻辑推理本质上是复杂的(NP-hard 到不可判定)，因为如果没有任何基础知识，我们就必须探索所有(潜在无限)可能的推理途径。

总之，研究者们提出了"知识就是力量"[4]口号，开辟了一个新的研究途径，为形式上呈现知识提供手段，使其可被机器理解。知识表示形式的稳定流动得到发展。研究者们假设，随着对问题、背景、可能解决方案和目标变化了解得越来越多，就可以执行更有效的推理。这也反映了"智能"一词在英语中的含义——不仅指抽象推理能力，还指关于某个领域或任务的具体知识。

遗憾的是，所谓的解决方案带来了新问题。知识只有在可用时才能被形式化。知识获取和知识工程研究领域的兴起为以机器可处理的方式建立此类知识这一挑战提供了方法论支持。[5]这些领域旨在描述与开发专家系统相关的初始任务，即通过工作流、规则、对象和本体来发现和采访领域专家，并获取他们的知识。遗憾的是，这项研究的核心见解是发现了所谓的知识获取瓶颈：

- 获取、建模和表示这些知识的成本极高。
- 大多数知识系统都是小而浅的，与企业中的整体流程无关，且不适用于稳步发展的其他领域和任务。

CYC[6]等旨在对人类常识进行建模的项目完全证明了对人类世界知识进行建模是一项不可行的任务。因此，最后一个阶段出现了，即所谓的 AI 寒冬，使得从各种方面看，在这个领域进行研究变得举步维艰。

3.2.2　Web(用于机器人)

下面介绍一个完全不同的事物。互联网发展始于 20 世纪 60 年代，最初是由四台计算机组成的美国本地 Web，在接下来的 20 年

4　出自 Feigenbaum，取自 Sir Francis Bacon。
5　例如 CommonKads，它一直是欧洲关于这些主题的主要方法。可参见[5]。
6　见[6]。

里，互联网发展成全球计算机网络。在此基础上，人类通信的早期
范式转变是电子邮件，提供了即时通信服务，使用人数激增。在 Sir
Tim 所作贡献的基础上，1989 年出现了一种互补的交互范式。万维
网(World Wide Web，WWW)不只传递消息，而是向许多潜在读者
发布信息。Web 是一个信息空间，在这个空间中文档和其他 Web
资源由超文本标记描述，由超文本链接相互链接，由 URI 标识，并
可通过互联网访问。这种超文本与互联网的结合是真正的创新之处
(见图 3.1)。

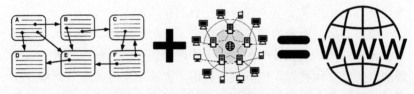

图 3.1　Web 的本质

很快，这个信息空间飞速发展，并超越了所有竞争方法。语义
网络的研究始于 1996 年，原因有两个。第一个目标是支持几乎无限
规模的 Web。添加的信息越多，访问相关信息片段所需的机器支持
就越多。Fensel et al. (1997, 2000)描述了一个基于模式的语义网络系
统(Ontology，Studer et al.1998)、内容标注(基于称为 HTML-A 的标
注语言)，以及用于访问和处理可用信息的推理引擎和抓取器(另见
图 3.2)。第二个目标是解决知识获取瓶颈，再次应用 AI ，并为人
类创建大脑(参见 Fensel 和 Musen 2001)。数十亿人将数据、信息和
知识免费放在这个全球网络上。通过这种方式，Web 反映了大部分
人类知识，并产生了基于人类知识的新人脑。在语义的支持下，计
算机可访问和理解这些知识。语义网络的愿景一直都是为人类构建
一个大脑。如果大部分人能免费参与这项任务，CYC 最终会成功奏
效。它只需要用语义信息标注内容。

Some Ontology Definitions

Concept Hierarchy	Attribute Definitions	Rules

Object[].
 Person::Object.
 Employee::Person.
 AcademicStaff::Employee.
 Researcher::AcademicStaff.
 Publication::Object.
	Person[
	 firstName =>> STRING;
	 lastName =>> STRING;
	 eMail =>> STRING;
	 ...
	 publication =>> Publication].
	
	 Employee[
	 affiliation =>> Organization;
	 ...].
		FORALL Person1, Publication1
		 Publication1:Publication
		 [author ->> Person1]
		 <->
		 Person1:Person
		 [publication ->> Publication1].

```
<html>      <body>
            <a onto="page:Researcher">
            <h2>Welcome on my homepage</h2>
            My name is <a onto="[name=body]"> Richard Benjamins</a>.
</body>      </html>
```

图 3.2　模式和标注语言的早期示例

　　遗憾的是，在千禧年前后，Web 搜索引擎出现了，它们选择了一种不同的方法来访问 Web 上的信息。这种操作基于语法和统计分析。给定关键字作为输入，一些 Web 搜索引擎能很好地检索适当的链接列表，示例请参见图 3.3。对 Web 资源的统计分析足以为 Web 提供一个快速、优秀的索引系统。像 Google 这样的搜索引擎不需要语义来实现这一点，因此变成这种方法的反对者。

　　最初，商业模式非常简单。越来越多的用户使用 Google 作为上网起点，因此 Google 网站上的广告带来了收入。用户找到一个有趣的链接后，会离开 Google，从访问的网站中手动提取信息。这种搜索引擎商业模式取得了巨大成功，但最终还是受到限制。用户一进入 Google 网站就离开了。因此，Google 一直致力于逐步从搜索引擎转变为查询回答引擎(参见 Guha et al. 2003、Harth et al. 2007)。为什么要将访问者指向其他网站？为什么不直接在 Google 搜索结果中提供他们查询的答案，让他们留在 Google，并开辟与用户进行商业合作的新机会(见图 3.4)？然而，这需要 Google 更加智能。它必须能从基于机器可处理的内容和数据语义的网站中提取准确信息。为实现这一目标，就需要比简单的矩阵操作更复杂的方法。

85

图 3.3 Google 作为搜索引擎

图 3.4 Google 作为查询回答引擎

因此，在 2011 年左右，一些领先的搜索引擎联盟启动了 schema.org[7]计划，该计划允许基于 JSON-LD、Microdata 和 RDFa 语法，在 HTML 代码中注入语义标注。同时，在类型、属性、范围限制、枚举值等方面也形成成熟的语料库，且得到广泛采用，所有重要网站都在使用它。基于这些标注，Google 开发了 Google 知识图谱，这是一个包含超过 10 亿个实体的大约 1000 亿个事实的知识库，证明了知识获取瓶颈已被克服！同时，Google 更进一步，将人工智能视为其未来繁荣所需的关键能力(见图 3.5)。

图 3.5　Google 对 AI 的引用

在此基础上，出现了以结构化方式呈现外部来源信息的新方法。可参见丰富片段(图 3.6)、轮播或事件表。

当用户发出有关实体的查询时，Google 知识图谱可能最明显，且搜索结果包括知识图谱提供的实体相关的一系列事实。例如，查询"I.M.Pei"时，搜索结果中会生成一个小面板，其中包含有关建筑师的教育背景、获得的奖项和设计的重要建筑的信息(Noy et al. 2019)。

7　见[7]。

Best ever chunky guacamole recipe | BBC Good Food

https://www.bbcgoodfood.com/recipes/9088/bestever-chunky-guacamole ▾

 ★★★★★ Rating: 4,8 - 122 votes - 10 mins - 103 cal

This is the best version of this classic dip. The ingredients are kept to a minimum, so it's as fresh-tasting as possible, from BBC Good Food.

Guacamole Recipe | Alton Brown | Food Network

https://www.foodnetwork.com › Recipes › Alton Brown ▾

 ★★★★★ Rating: 4,8 - 878 reviews - 1 hr 20 mins - 172 cal

In a large bowl place the scooped avocado pulp and lime juice, toss to coat. Drain, and reserve the lime juice, after all of the avocados have been coated. ... Then, fold in the onions, tomatoes, cilantro, and garlic.

Best Ever Guacamole (Fresh, Easy & Authentic) | Downshiftology

https://downshiftology.com/recipes/best-ever-guacamole/ ▾

 ★★★★★ Rating: 5 - 61 votes - 10 mins - 184.8 cal

Apr 19, 2019 - This is the BEST **guacamole** recipe as it's is simple to make and uses fresh, high quality ingredients. Authentic **guacamole** doesn't contain fillers ...

The BEST Guacamole Recipe! | Gimme Some Oven

https://www.gimmesomeoven.com/perfect-guacamole/ ▾

 ★★★★★ Rating: 5 - 20 reviews - 5 mins

Mar 6, 2019 - Instructions. Mash together avocados, jalapeno, onion, lime juice, cilantro, salt, cumin with a fork until well-mixed. Serve immediately, or cover the bowl with plastic wrap (so that the plastic is literally touching the entire top layer of the **guacamole**) and refrigerate for up to 2 days before serving.

HOTEL NEUHAUS SUPERIOR: Bewertungen, Fotos ... - TripAdvisor

https://www.tripadvisor.at › ... › Hotels Saalbach-Hinterglemm ▾

★★★★★ Bewertung: 4,5 - 207 Rezensionen - Preisspanne: €€ (Basierend auf den durchschnittlichen Preisen unserer Partner pro Nacht für ein Standardzimmer)

Hotel Neuhaus Superior, Saalbach-Hinterglemm: 207 Bewertungen, 167 authentische Reisefotos und günstige Angebote für **Hotel Neuhaus** Superior.

Hotel Alpendomizil Neuhaus (Mayrhofen) • HolidayCheck (Tirol ...

https://www.holidaycheck.at › Europa › Österreich › Tirol › Mayrhofen ▾

★★★★★ Bewertung: 4,9/6 - 272 Abstimmungsergebnisse

Bewertungen, Hotelbilder & TOP Angebote: **Hotel** Alpendomizil **Neuhaus** √100€ Gutschein √Bestpreis-Garantie √GRATIS ☎ Hotline √Preisvergleich ✈ Urlaub ...

Das Neuhaus (Saalbach-Hinterglemm) • HolidayCheck (Salzburger ...

https://www.holidaycheck.at › ... › Salzburger Land › Saalbach-Hinterglemm ▾

★★★★★ Bewertung: 5,7/6 - 226 Abstimmungsergebnisse

Das **Hotel** allgemein. Erleben Sie einen Mix aus zeitloser Klassik und Design. Mit viel Liebe zum Detail bieten wir Ihnen ein Urlaubszuhause mit einem ...

图 3.6   食谱和酒店的丰富片段示例

这样的概念提供了展示信息以及进行电子营销和电子商务的全新方式。这就是所谓的"无头 Web"。[8]表示信息时，不需要 URL 参考。从其他页面中提取内容并直接进行表示，而不使用其原始布局表示。随着机器人取代人类访问页面，许多 Web 在设计方面变得无关紧要。发布高质量、结构良好且带有语义标注的内容是关注的重点。这将很快成为 Web 上的主要访问层，尽管 Web 已有超过 25 年的使用历史。简而言之，5 年内，不再会有新用户接触 Web(历史系学生除外)。这极大地改变了 Web 的核心原则，并为指导和捆绑商业活动开辟了新机会。查看一下图 3.7 所示的 Google 的最新搜索。只有大约 25% 的结果显示经典的 Web 资源。剩下的就是付费广告和基于 Google 的电子商务解决方案。移动设备上的 Google 助手前进更大一步，几乎不再显示传统的 Web 结果，而只显示 Google 选择和聚合的内容。

此外，到目前为止，Google 并不是涉及的唯一参与者。当前围绕聊天机器人和智能个人助手的讨论针对的是 Web 上的这个新访问层。Alexa、Bixby、Cortana、Facebook Messenger、Google Assistant、Siri 等提供个性化的、基于语音信息的信息访问。这给供应商带来了新挑战，他们需要让潜在客户看到他们的内容、数据和服务。

就像 20 年前必须通过电子邮件进行交流、必须在 Web 上公开一样，现在，在这种基于对话的新信息访问中，正确展示经济成功至关重要。我们确定了为实现这一目标的四大挑战。

- 你需要准确了解用户的请求。除了基于简单查询回答的简单刺激-响应模式通信外，你应该能组织一个同用户间的、面向目标的对话。
- 你需要能访问大量的智能内容、数据和服务资源。智能基于充分结构化和语义化的(即机器可处理的)元数据。只有这样才能与潜在客户进行知识面较广的对话。历史告诉我们，

8 见[8]。

没有知识，就没有力量。

- 需要将自然语言处理技术识别的意图与语义标注资源进行适当匹配。在这里，两种语义技术(理解人类语言和使机器理解资源)可以相互配合。

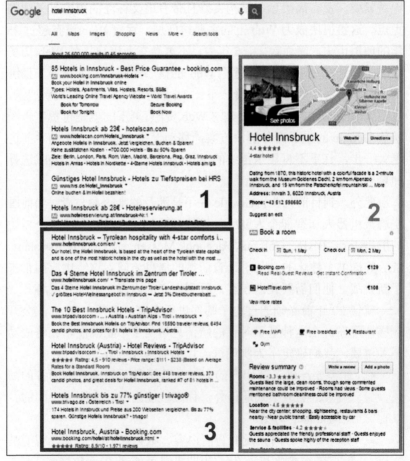

1. 为 Google 带来收益的广告。
2. 直接电子商务将为 Google 带来更大收益(Google 酒店广告、限定报价、地点、地图等)。
3. Google1.0，以前版本的 Web。

图 3.7　用 Google 搜索 Hotel Innsbruck

- 通过半自动和全自动技术稳步改进和调整已实现的解决方案。这就是机器学习。

人工智能瞬间从一个默默无闻的学科变成每个人都想拥有且必须拥有的东西，都来源于人工智能的进步。这有点像风车的发展历程。起初，堂吉诃德与之抗争，但没有成功。然后，风车成为科技历史博物馆的展品，最后成为最先进的发电技术。在许多方面，科学的品味也会周期性地改变，就像时尚行业一样。

3.2.3 小结

在 Berners-Lee et al.(2001)中，作者设想了一个 Web，由机器人代替人类访问 Web 上的信息，并且这些机器人支持人类完成他们的任务。内容、数据和服务必须通过机器可处理的语义进行丰富，以便这些机器人可以访问。此外，机器人必须了解人类。自然语言处理技术必须提升到可提供流畅的自动化交互的水平。我们希望改进当前技术，以识别人类交流行为中的意图，并使用有关用户上下文的信息以及可用资源的机器可处理语义，开发结构化和面向目标的通信方法。这定义了几个研究问题，将在以下几节进一步讨论。

3.3 知识访问层

例如，当前的知识图谱在表示时间、版本控制、概率、模糊性、上下文、具体化和处理不一致性等方面存在不足。新一代知识图谱模型应该解释/描述/实现"大规模知识和数据"结构的以上方面和其他方面(Groth et al. 2019)。

以基于图的知识库为基础的知识管理技术(参见第 2 章)负责获取、存储和管理知识图谱以及用户请求的上下文数据。我们通过基于演绎推理的推理引擎实现用户请求与资源连接(参见 Ramakrishnan 和 Ullman 1995)。他们用来自用户请求和外部数据源的数据实现了在这一图谱上定义视图的智能体。推理引擎访问这些信息以获取用于推理的数据，从而为与人类用户交互的对话引擎提供输入。

在本节中，我们首先将这一技术作为 TBox 的新概念进行介绍，TBox 并不是非常大的 ABox 上的单一层，而是使用知识图谱的定义子集完成特定领域中某些任务的专用手段。其次，将重点介绍如何处理动态和活跃数据。动态数据会随着时间而稳定变化，因此不能简单地存储在知识图谱中。我们需要在查询回答期间，通过外部信息源的语义描述来访问动态数据。活跃数据会使预约或预订操作也改变外部源的状态。

3.3.1　松散连接的 TBox 在知识图谱上定义基于逻辑的视图

推理从现有知识中发现新知识。它从一个或多个一般前提开始，并将其联系起来以得出具体结论。推理对可能为真或为假的逻辑命题进行操作(Sternberg 和 Sternberg 2009)。如果前提为真，那么结论也为真。这个任务并不容易，尤其是在面对模棱两可、矛盾、错误分类和不确定的知识时(Reed 和 Pease 2017)。虽然可通过使用上下文推理预期含义来澄清歧义，但发现矛盾需要定理证明技术，当知识库规模增加时，这种技术将变得具有挑战性。还需要对错误分类的知识进行识别和重新分类，并将概率结合到推理中以处理不确定性。自动推理始于人工智能早期的一阶逻辑变量的定理证明(比较Kowalski 1974)。对 Horn 逻辑的限制使得简化计算变为可能，并催生了逻辑编程语言 Prolog。[9]另外，研究者们已开发了生产规则系统[10]，这一系统也提供了基于规则的语法，但没有任何声明性语义。这些系统中推理的复杂性，以及定义模型理论语义的愿望，促进了描述逻辑(Baader et al. 2017)和演绎数据库(Kifer et al.1995)的发展。简而言之，描述逻辑是二元谓词逻辑，对构造公式的方式有限制。同样，演绎数据库将谓词逻辑限制为 Horn 逻辑，但没有采用谓词逻辑的标准模型-理论语义。描述逻辑使用一阶逻辑的标准语义，而演绎数

---

9 见[9]。
10 见[10]。

据库使用最小模型语义变体，允许定义关系的传递闭包。除了人工智能外，这种推理技术还作为一种验证复杂软件系统正确性的正式手段，用于软件验证(参见 D'Silva et al.，2008)。LarKC 项目开发了一种方法，首次实现将推理扩展到无数潜在不一致的事实，这些事实变化速度可能比任何推理过程都快；参见 Fensel 和 van Harmelen (2007)以及 Fensel et al. 2008。

推理可用于发现错误、纠正错误并丰富知识图谱中的知识 (Paulheim 2017)。然而，这里关注的是创建个性化、面向对话的大型知识图谱访问。图谱数据库用于存储知识图谱。在仓库上，所谓推理智能体使用部分知识图谱来处理用户请求。图 3.8 展示了架构示意图，包括知识图谱和推理智能体。例如，知识图谱包含有关奥地利滑雪场的所有知识。想要为 Wilder Kaiser 构建聊天机器人，只需要 Wilder Kaiser 的数据就足够了。因此，创建一个新的推理智能体，该智能体仅使用来自 Wilder Kaiser 的数据。

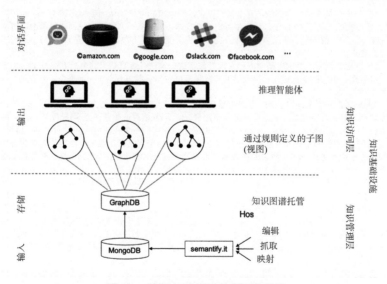

图 3.8　访问知识图谱的推理智能体

通过使用知识图谱，规则可在基于对话系统中扮演不同角色。首先，规则使得可在本体中表达复杂的方位。例如，哪些滑雪场通过滑雪道相连和一个区域内所有滑雪道的总长度都可用规则来表示。推理使用这些规则动态地推理出答案。其次，对话建模是复杂领域和复杂流程中的复杂任务。推理使用上下文、先前的答案和知识图谱来创建灵活和智能对话。第三，推理将外部知识源和服务上下文集成到答案中。当处理大量事实时，需要高性能和可扩展的实时推理。在数据库中，实现这一目的的方法是对数据进行适当分区、并行、联合、聚合和分布式查询回答。[11]在推理智能体中使用部分数据的优点是，这些智能体可优化推理过程以提高性能，并可减少响应时间。定义构成知识访问层[12]的此类视图具有以下优点。

---

11 例如，一种缩短响应时间的方法是所谓的魔法集(Bancilhon et al.1986)。魔法集的原理是调整现有规则，以免创建对响应无用的事实。只要数据保持不变，魔法集就会持续存在。因此，知识图谱可永久更新，而智能体会定期拍摄快照，然后这些快照被编译成优化表示。但动态数据(例如流)必须直接合并，且需要流推理方法(参见 Dell' Aglio et al. 2017)。

12 我们可从牛顿力学开始。几个世纪以来，科学家和哲学家认为牛顿定律(F=ma 和相关方程)是万物的通用理论(ToE)。认为牛顿定律是公理，并且每一项 $T(x, y, z...)$ 在科学中可定义为 $T(x, y, z...)$，前提是有表达式 $P(x, y, z...)$，其中 P 是牛顿力学中涉及变量 x、y、z…语句的某种组合。

19 世纪，麦克斯韦的电磁学方程首次打破了这一说法，麦克斯韦的电磁方程与 F=ma 无关。这带来了重大的研究进展，物理学家和数学家试图将各种方程与 F=ma 整合，但造成了各种遗留问题。

1905 年，爱因斯坦发表了一些具有重要意义的论文，使用了这些方程。他将 F=ma 保留为基本假设，并将方程与其他未解部分联系起来。但结果(相对论和量子力学)导致 F、m、a 的所有定义及其关系发生了变化。一个多世纪以来，科学家们一直在使用相同的词：力、质量、位置、速度、加速度、动量、能量……但是这些词的每一个定义都随着每一个新的发现和解释(理论)的出现而改变。此外，质量的最基本定义涉及最近发现的希格斯玻色子。这是最接近 ToE 的东西。但没有人会幻想将这个定义用于任何类型的实际应用。事实上，牛顿的方程至多就是近似正确的，但仍是应用最广泛的方程。但是任何大型系统都将包含许多使用多个不一致近似值的组件。

例如，汽车的所有主要装置是用牛顿方程设计的，包括发动机、转向、制动器和弹簧。但所有电气和电子设备都依赖于麦克斯韦方程，这些基本上是基于相对论的方程。汽油发动机中的火焰或电池中的化学反应取决于量子力学计算。可能使用的任何 GPS 信号都取决于对来自卫星的信号的相对论校正。而且所有这些计算都非常复杂，导致它们使用的是特殊情况的近似，与其他假设的特殊情况不一致。

基本原则：车、手机、冰箱、电视……都基于许多不一致的理论，有着不一致的定义。没有一个统一的本体可用来指定它们中任何一个的每个特征。即使有人可能发现一个通用的 ToE，依赖于它的计算至少会和依赖希格斯玻色子的任何计算一样复杂。即使有，在 21 世纪也不会出现更好的结果。

- 访问层可提供的事实数量更少，而不是访问数万亿个事实。

- 没必要根据不一致性等方面来管理整个知识图谱。它可用作语义数据湖[13]，允许对数据有不同看法。每个推理智能体都可将自己限制在一个精心策划的岛屿上。

- 访问权限和隐私问题可能会阻止特定应用程序访问整个知识图谱，而只能访问其中的子集。这可通过这些视图来实现。

- 它集成了额外动态知识源和用户给定的输入。

这扩展了 2.4 节中讨论的架构，区分三层不同的功能(参见图 3.8)。[14]

- 输入：我们在输入层使用由抓取器扩展的 MongoDB，并对其进行语义化。API 从各种来源收集和语义提升数据。

- 存储：这些数据作为事实存储在知识图谱中，由 GraphDB 管理和托管。

- 输出：数据可通过个性化智能体访问，这些智能体在知识图谱上定义部分视图[15]，并在这些数据上提供上下文和个性化推理；在 Dong 和 Naumann (2009) 中也称为个性化融合。

最后，知识基础设施之上的对话界面管理应用程序的特定对话方面。

有趣的是，我们的知识访问层可看作对 TBox 的重新引入；但以分布式和局部化的版本呈现。知识访问层并不试图找到适用于整个世界的公理和规则，而是在定义的上下文中扩展知识图谱的一个子集。通过缩小应该管理 ABox 的此类规则的范围，可帮助避免有关为整个世界定义此类全局逻辑表达式的所有问题及其所有异质性、不一致性和各种例外。这些也使它们可与 CommonKADS 方法中的所谓推理行为(Schreiber et al. 2000)和 CYC 中的微观理论(Guha

---

13　见[13]。

14　Marx et al. (2014)提出了更直接的耦合。

15　使用局部视图方法，例如 Infomaster 中使用的方法(Genesereth et al.1997)。有关一般性讨论，另请参见 Bleiholder 和 Naumann(2009)。

1991)媲美。[16]

3.3.2　动态数据和活跃数据：语义网络服务

知识图谱和使用知识图谱的应用程序处理三种不同类型的数据。

- 静态数据是不太可能频繁更改的数据。例如，酒店的地址或一个人的生日不会经常改变。这种低变化速度使得这些数据可直接存储在知识图仓库中。

- 动态数据的变化频率很高，如年龄、天气预报、交通信息或股价。此时必须定期或按需访问实际数据。可存储这些数据供将来数据挖掘使用，但必须动态访问当前数据。

- 活跃数据，改变外部资源的状态。例如，预订操作会更改外部资源的状态(例如，在酒店创建新房间预订)。

对于动态数据和活跃数据，网络服务都发挥着重要作用。对于给定位置和时间的温度等动态数据，必须向天气网络服务发出请求(如 HTTP GET)，以在查询时检索必要的信息。同样，对于活跃数据，必须向酒店预订网络服务发送请求(例如 HTTP PUT)，以进行房间预订。

传统的应用程序会将使用网络服务的逻辑硬连接到其业务逻辑中。为自动使用服务，网络服务描述应在语义上得以丰富(Ankolekar et al. 2002；Fensel 和 Bussler 2002)，并存储在知识图谱中。与静态数据不同的是，知识图谱存储需要与之交互服务的语义标注，而不是直接存储数据。对话界面等智能应用程序随后可随时访问网络服务。在本节中，我们将概述语义网络服务技术，该技术能对网络服务进行语义描述，从而实现应用程序自动化使用，进而集成动态数据和活跃数据。

我们首先介绍重量级方法，该方法主要针对 SOAP 网络服务，然后将深入研究支持 RESTful 网络服务语义描述的轻量级方法。

---

16 另见 Brachman(1990)。

在语义描述的帮助下，互联网推理服务(IRS-II，见 Motta et al. 2003)为异构网络服务的发布、存储、组合和执行提供了一个基础设施。IRS-II 将不同推理过程的实现独立描述与相关任务相匹配。IRS-II 以其先进的发布机制和注册机制脱颖而出。

OWL-S 使用 OWL 和描述逻辑(description logic，DL)来描述网络服务 (Martin et al. 2004)。它利用三个主要元素：服务配置文件，用来描述网络服务的作用和一些非功能方面；流程模型，用来描述执行特定任务所需的服务调用顺序；服务基础，用来支持用于调用的具体 WSDL 绑定描述。

METEOR-S(Patil et al. 2004)框架通过描述数据、功能性、非功能性和执行语义来支持整个语义网络服务生命周期。METEOR-S 框架扩展了现有 Web 和网络服务技术，用于语义描述。其采用 SAWSDL(Semantic Annotations of Web Services，网络服务语义标注)(Kopecký et al. 2007)技术标注 WSDL 服务。METEOR-S 为设计、发现、组合和执行网络服务提供工具。

语义网络服务框架(Semantic Web Services Framework，SWSF)以 OWL-S 为基础进行开发(Battle et al. 2005)，使用一阶逻辑(first-order logic，FOL)而非 DL，牺牲了可判定性，从而提供一个更具表现力的框架。该框架使用语义网络服务本体(Semantic Web Services Ontology，SWSO)进行概念建模，并使用语义网络服务语言来表达SWSO。此外，SWSF 扩展了流程规范语言(Process Specification Language，PSL)[17]，以定义网络服务的流程。

网络服务建模框架(Web Service Modelling Framework，WSMF；见 Fensel 和 Bussler 2002)提供了一种分离方式来自动化网络服务消费的整个生命周期。该框架使用概念模型 WSMO、一组语言 WSML 和执行环境 WSMX(Roman et al. 2006)。WSMF 有四个支柱用于描述网络服务。第一个支柱是本体支持领域描述。第二个支柱

---

17 见[17]。

是目标，促进了对用户想法的描述。第三个支柱是网络服务描述，用于描述网络服务的各个方面，例如其功能和行为属性。第四个支柱解决不同层面的互操作性问题。

随着 RESTful Web 服务越来越受欢迎，人们对语义网络服务技术的兴趣转向了针对此类网络服务的更轻量级方法。有关这种方法的详细信息可以参阅 (Verborgh et al. 2014)。

WSMO-Lite(Roman et al. 2015)是一个概念模型，用于以轻量级、自下而上的方式描述 RESTful 服务功能。与 SOAP 服务方法(如 OWL-S、WSMO)不同的是，WSMO-Lite 不遵循自上而下的方法，而通过使用 MicroWSMO 微格式对网络服务文档(即 HTML 文件)进行标注来工作。对于网络服务的行为方面，轻量级方法在表现力和描述方面存在局限性。WSMO-Lite 为网络服务描述提供了最小模型以支持互操作性。

RESTDesc(Verborgh et al. 2013)侧重于 RESTful 网络服务功能方面。它使用 N3Logic(Berners-Lee 和 Connolly 2008)作为形式。可用前置条件和后置条件描述资源支持的功能。RESTDesc 利用对资源的 OPTIONS 调用来返回可对该资源采取的潜在操作及其预期结果。

最近，有两种动机不同的方法：Hydra(Lanthaler 和 Guetl 2013)，通过使用链接数据原则来促进创建超媒体驱动的 API；SmartAPI (Zaveri et al. 2017)。Hydra 通过使用 API 遵循 FAIR 原则。Hydra 建立在自记录 API 的原则之上[18]，这意味着客户端使用 API 所需的全部内容是机器可读的文档和超媒体类型。SmartAPI[19]通过语义标注丰富了 OpenAPI[20]描述的一些功能方面，以增强 API 的可查找性、可访问性、互操作性和可重用性。或者，使用 schema. org Actions[21]可使 Web API 标注有机会成为主流，并集成到工业事实标准中。尽管

---

18 见[18]。
19 见[19]。
20 见[20]。
21 见[21]。

它提供了一种通用方式来描述可对实体执行的操作，但也可使用操作词汇表的扩展子集来描述 Web API，然后这些描述就可自然与 schema.org 标注进行本地交互；表 3.1 操作描述了如何搜索酒店客房报价。

表 3.1　fertel API 的操作标注示例

```
{
  "@context": "http://schema.org/",
  "@type": "SearchAction",
  "actionStatus": {
    "@id": "PotentialActionStatus",
    "@type": "ActionStatusType"
  },
  "name": "Search for hotel room offers",
  "object": {
    "@type": "LodgingReservation",
    "checkinTime-input": "required",
    "checkoutTime-input": "required",
    "numAdults-input": "required"
  },
  "result": {
    "@type": [
      "HotelRoom",
      "Product"
    ],
    "name-output": "required",
    "offers": {
      "@type": "Offer",
      "name-output": "required",
      "offeredBy": {
        "type": "Hotel",
        "name-output":"required",
        "address": {
            "addressLocality-input": "required"
          }
      },
      "price-output": "required",
      "priceCurrency-output": "required"
    }
  },
  "target": {
    "@type": "EntryPoint",
    "contentType": "application/ld+json",
    "encodingType": "application/ld+json",
    "httpMethod": "POST",
    "urlTemplate":"https://actions.semantify.it/api/feratel/search"
  }
}
```

schema.org Actions 使用也是一个领域规范模式的有趣示例，因为它们基于其他通用词汇表提供了更针对特定任务的模式(即网络服务描述)。更多 Web API 标注示例和特定领域的模式可在网上找到。[22]然后，这些特定领域的模式可用于生成标注工具，包括现有非语义 API 的提升-基础映射。[23]

3.4　开放和面向服务的对话系统

在发明 Web 近 30 年后，将浏览作为信息访问主要手段的概念正在逐渐淡化。随着人工智能的进步，Web 上的内容、数据和服务可通过对话来使用。如果 Web 浏览器的发明是 Web 历史上的一个里程碑，那么另一个里程碑无疑就是移动计算和对话界面，尤其是充当智能个人助手的对话系统。我们首先关注知识图谱支持的对话系统的一般情况，然后研究服务语义描述在构建基于对话的系统中的作用(参见 Chen et al. 2017)。

3.4.1　开放的对话系统

50 多年来，关于对话系统的研究一直在应对自然人机交互的挑战(McTear et al. 2016)。虽然对话系统的总体架构没有太大变化，但架构中组件方法和实现有所改进。早期的对话系统将领域知识编码到系统中，使得它们相对"封闭"，这意味着此类系统适应新领域的成本很高。但这种紧密性也导致对话结构被静态定义，阻碍了对话系统灵活阐述主题，而无法收集所有必要信息从而实现目标。知识库通过将领域知识与系统分离来克服这些障碍，允许对话系统较为直接地适应不同领域(Milward 和 Beveridge 2003)。[24]这里，我们

22　见[22]。
23　见[23]。
24　例如，需要进行大量研究来改进对话系统的不同方面，近年来随着机器学习的发展更是如此(McTear et al.2016；Chen et al.2017)。

想要探索基于不同来源的知识图谱如何在不同方面改进对话系统。就像 Sir Tim 向互联网开放超文本系统一样，对话系统作为互联网上信息新访问层，必须接受相同的挑战。事实上，Google 知识图谱是支持对话界面的知识图谱中规模最大的例子之一。最初，它帮助 Google 变成一个问答引擎，而非搜索引擎(图 3.9)。现在，它为许多 Google 服务提供支持，包括智能的 Google 助手。[25]

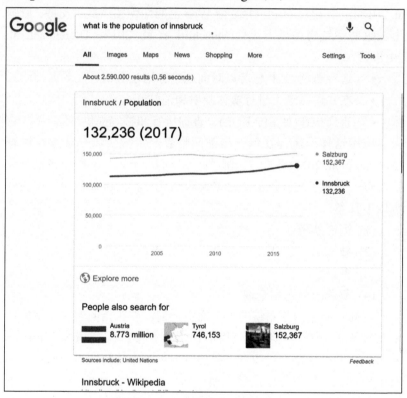

图 3.9　Google 作为问答引擎

从对话策略的角度看，对话系统可分为三类：
- 只有系统引导对话的系统主动系统

___

25　2016 年，Google 智能助手与当时包含 700 亿个事实的 Google 知识图谱合作，见[25]。

- 只有用户提出问题的用户主动系统
- 双方都可引导对话的混合主动系统

尽管语义技术已在所有三个类别中得到应用，但有关 Web 的主要研究还是针对用户主动对话系统。知识图谱中最典型的用户主动对话系统是问答系统(question-answering system，QAS)。此类系统旨在使用自然语言问题从知识图谱中检索信息。根据(Diefenbach et al. 2018a)，有超过 60 个 QAS 由 Web 上的知识图谱提供支持。原则上，这些系统遵循以下流程(Moschitti et al. 2017；Diefenbach al. 2018a)[26]：

- 运行典型 NLP 任务以对问题进行语法分析
- 在知识图谱上进行实体映射和消歧
- 查询构造(如 SPARQL)、查询执行和答案提供

应用这样的流程在每一步都面临着一定挑战。一项综合调查(Höffner et al. 2017)对 72 篇出版物涉及的 62 个语义网络问答系统进行调查，发现了这些挑战。根据调查结果，我们将最相关的挑战分为以下几类：

(1) 词汇差距

(2) 歧义

(3) 多语言

(4) 复杂的问题和查询

在知识图谱问答系统的上下文中，词汇差距指问题中使用的词汇与知识图谱资源标签中使用的词汇不直接匹配的情况(Hakimov et al. 2015)。根据上述调查，我们使用以下方法解决这一问题：字符串规范化，应用相似函数，使用同义词和语义特征(如上位词-下位词层次结构)进行查询扩展，生成模式以识别两个实例之间的各种关系表示(即用不同的方式表示一个特定属性)，结合传统的文档检索方法(如 TF-IDF)来查找相关资源。

---

26 还有一些方法，例如 WDAqua(Diefenbach et al. 2018b)跳过句法处理步骤并通过消除候选查询来消除实体歧义。

歧义是问答系统要解决的主要挑战之一，指的是同一短语具有不同含义。正如调查中指出那样，词汇差距和歧义是同一枚硬币的正反两面，因为前者影响系统召回率，而后者则影响准确率。解决歧义短语也称为消歧，旨在知识图谱的多个候选者中找到最相关资源来回答自然语言问题。得益于多个文本语料库中的短语统计分布，QAS 中消歧方法可识别问题的正确上下文。同样，知识图谱的图结构也可帮助 QAS 中的消歧方法对实体的相关性进行排序。虽然有几种方法使用历史问答数据或用户上下文和偏好，但也有一些方法主要将工作转移到用户身上，让用户对候选答案进行消歧。

多语言指能处理多种语言的问答。DBpedia 和 Wikidata 等开放型知识图谱具有不同语言的数据映射。这样的映射为开发多语言 QAS 提供了宝贵资源。此外，一些 QAS 使用多语言词典本体来回答多语言问题。

在简单的情况下，QAS 将自然语言问题转换为 ASK 或 SELECT 查询中的简单三元组模式。然而，复杂问题可能需要结构更复杂的查询(如子查询、联合模式、聚合)。得益于本体中预先构建的概念和关系的语言表示，一些系统可处理此类复杂问题，甚至可从多个句子中确定核心元素，并围绕核心元素构建查询。解决复杂问题的最常用方法是基于模板的方法。查询模板的生成在某种程度上可以是手动的，也可以是自动的。除了问题外，知识图谱性质也可能引入复杂性。这通常指程序(例如，建造工具指令)、时间(例如，时间有序事件、时间相关事实)和空间(例如，实体及其三维坐标之间的空间关系)。这些方面的概念和关系通常不是由知识图谱的底层模式提供的，也不能直接用 RDF 的三元数据结构表示。[27] 尽管如此，一些方法依然试图在现有知识的基础上推理这些时间和空间关系，来帮助 QAS 处理此类问题。

上述挑战和解决这些挑战的不同方法为解决问答挑战的异质性

---

27 然而，这种情况正在改变。例如，schema.org 现在正在测试空间关系属性，而 Wikidata 数据模型允许将时间上下文附加到事实。

提供了强有力的证据。正如调查指出的那样(Höffner et al. 2017)，许多对话系统专注于问答的特定方面。这会导致即使一些组件已经实现并可重用，每个系统也会重新实现流程的某个部分。在 Marx et al.(2014)、Singh et al.(2018)、Ferrández et al.(2011)和 Kim et al.(2017)中，研究人员通过提供 QAS 架构和方法解决了模块化和可重用性问题，这些架构和方法允许构建具有互操作、可替换组件的问答流程。Frankenstein 框架(Singh et al. 2018)集成了 29 个用于不同目的的组件，以构建问答流程。Qanary 方法使不同组件能共享问答过程的状态，Frankenstein 框架将这些组件与 Qanary 方法集成在一起，从而使它们能互操作。Frankenstein 框架支持动态流程，这意味着该框架可根据问题类型及其性能动态选择不同任务组件。[28]

在本节的其余部分，我们将仔细研究如何使用知识图谱来改进对话系统，特别是聊天机器人和智能个人助手。使用知识图谱达到此目的有两个主要方向：①增强对话系统的语言理解部分；②对于对话做出反应，并为与对话系统进行对话的用户提供额外的交互、信息和建议。

支持对话系统的语言理解部分的目标是，使用知识图谱为自然语言理解服务(如 DialogFlow[29])提供训练数据。我们可自动从知识图谱中为实体识别任务提取训练数据(例如，维也纳是一座城市)，并提供(半)自动生成意图和示例问题。基于知识图谱结构，一方面，可生成实体和同义词；另一方面，也可根据实体生成自然语言理解服务所需的意图，分别在知识图谱中生成这些实体之间的关系。此外，可使用本体到文本方法来生成可用于训练自然语言理解服务的示例问题。

另外，可使用知识图谱来改进对话系统，对对话做出反应，并向用户提供额外的交互、信息和建议。

---

28 与此相对的是为大规模推理开发类似开放插件流程架构的 LarKC 方法(Fensel et al.2008)。

29 见[29]。

- 使用知识图谱中的知识，对话系统可详细说明讨论的主题，并提供额外的有趣事实。我们考虑一个提供有关事件信息的对话系统。基于来自旅游知识图谱的知识，这样的对话系统可为用户提供有关事件的详细信息，也可提供有关连接实体的附加信息，例如与该事件相关的艺术家、位置和交通工具。

- 知识图谱也可用于改进对话上下文处理。使用基于模板或基于规则的方法可帮助推动与用户交互，提供与上下文相关的答案(例如，基于用户角色价格)、操作调用(预订带有后续问题酒店房间)，或两者结合(例如，如果天气允许，周末可进行哪些户外活动)。

- 最后，知识图谱还可在对话系统中细化对产品或服务的搜索。如果对话系统无法回答给定的问题，就可使用知识图谱查询更多信息。例如，被建模为知识图谱一部分的操作和 API 可能需要特定类型的输入数据，并可用于引导对话。有关实现这一点的更多信息，请参见下一节的内容。

3.4.2 服务引导对话

对于以超越简单问答为目标的目标导向对话系统，外部访问组件通常更复杂。面向目标对话系统旨在引导用户获取实现目标需要的所有必要信息。对于使用 Web 数据和服务对话系统，外部通信通常涉及网络服务。传统的对话系统与它们访问的网络服务紧密耦合。这种情况自然会带来一定局限性，例如，服务调用被编入对话系统中，且调用顺序是硬编码的。这会在每次引入新服务，进而引入新功能时，导致手动更改对话，从而损害对话系统的灵活性。灵活性问题会影响与 Web 上数据和服务共同运行的对话系统的可扩展性。如果将对话系统视为客户端，那么这个问题会变成服务与客户端解耦的挑战。

为自动使用服务，应该对网络服务描述进行语义丰富

(Ankolekar et al. 2002； Fensel 和 Bussler 2002)。最初的研究工作主要集中在 SOAP 服务上；例如，OWL-S(Martin et al. 2004)、SWSF (Battle et al. 2005)、WSMF (Fensel 和 Bussler 2002)。近年来，针对 RESTful Web API 轻量级方法已经开发出来，以便为 Web 上的服务提供简单标注(参见 3.3.2 节)。

我们认为语义标注的优势对对话系统有两方面的好处：

- 首先，对话系统可半自动地生成后端驱动的意图并训练句子。
- 其次，Web API 超媒体链接可帮助对话系统提取引导对话的调用流。

(Şimşek 和 Fensel 2018a)实现了这一想法。表 3.2 显示了一个对话示例的摘录，该对话是根据表 3.1 中的操作标注生成的意图创建的。首先处理该操作，并创建包括所需参数的住宿预订搜索意图。然后，匹配用户请求和搜索意图，其中用户请求已包含预订房间所需的一些信息。在得出缺失的输入(即占用)后，通过操作中定义的端点完成搜索。该操作返回酒店房间，带有报价和附加的潜在购买操作。用户选择报价后，该报价的购买操作完成，并向用户显示预订信息。

表 3.2　基于表 3.1 中操作预订对话示例的摘录

用户：	我想在 2019 年 9 月 12 日至 2019 年 9 月 14 日期间入住 Seefeld 的酒店房间
机器人：	有几位客人？
用户：	两位
机器人：	好的，我找到了以下酒店房间可供预定：①Alpenpark 度假村双人间，带有淋浴或浴缸，提供卫生间，每晚 200 欧元。②Seefeld 中心双人间，带有淋浴或浴缸、提供卫生间，每晚 119 欧元。你可从中选择
用户：	好的，我想要 2 号房间
...	...
机器人：	好的。这是订单信息：....

(González Bermúdez 2010)提到从语义网络服务描述中提取对话系统任务的想法。另一个旨在为语义网络服务提供对话访问的系统是 SmartWeb(Sonntag et al. 2007)，这是一个基于对话的多模式问答系统。对话系统使用 OWL-S 描述的语义网络服务，根据用户的请求找到相关的网络服务来调用。然而，该项目只处理一小部分预定义的、精心策划的网络服务。因此，调用可被硬编码。

我们利用 schema.org 词汇，尤其是"操作"子集来语义描述 Web API(Şimşek et al. 2018b，也可见 3.3.2 节)。将功能(如操作签名)、非功能(如调用费、发布者)和行为(如资源之间的超媒体链接)映射到 schema.org 后，对话系统就可半自动地使用这些 API。

3.4.3　小结

半个多世纪以来，通过自然语言与计算机进行交流一直是人工智能领域的研究重点。语义技术有助于解决从自然语言理解到对话管理和外部交流过程中，开发对话系统面临的各种挑战。除了通过链接(开放)数据回答问题外，知识图谱还可用于改进混合主动对话系统，尤其是在目标导向的环境中。可通过知识图谱中实体之间的链接、通过提供上下文感知响应或通过由语义标注服务驱动的对话，为研究主题提供附加信息。

第 4 章
为什么需要知识图谱：应用

摘要 无论如何精心构建高质量的知识图谱，知识图谱都只有在应用时才能展示出其强大功能。本章将介绍具体用例，在这些用例中，知识图谱支持基于对话的信息和服务访问。为此，首先概述现有的聊天机器人和语音助手市场，然后展示它们的局限性。将介绍知识图谱在旅游和能源等不同领域改善对话界面的方式。

4.1 引言

前面介绍了知识图谱的科学理论基础、知识图谱的生命周期(包括过程模型)、构建和维护知识图谱需要的所有任务，以及使用知识图谱需要的知识访问和基于对话的界面层。本章将介绍知识图谱的一些用例和试点，并将其作为一种基于对话访问信息和服务的方式。

本章详细阐述知识图谱技术的实际应用，明确支持聊天机器人和语音助手的应用程序，并解释知识图谱为 AI 释放数据的方法。第 4.2 节探讨聊天机器人和语音助手的当前市场状态，着眼于此类解决方案的当前状态/开发。第 4.3 节指出聊天机器人和语音助手的局限性，说明需要以知识图谱为基础的解决方案，以改进基于对话的信息访问。第 4.4 节通过几个用例，说明了解决方案如何部署和支持旅游业中的智能聊天机器人和语音助手。第 4.5 节介绍能源领域中的两个用例。第 4.6 节扩展到更多垂直领域。最后，第 4.7 节进行了总结。

4.2　市　场

Gartner[1]新兴技术宣传周期(2018 年 8 月)在技术萌芽期展示了知识图谱和对话式人工智能。MarketsandMarkets[2]预测全球对话式人工智能市场规模将从 2019 年的 42 亿美元增长到 2024 年的 157 亿美元，在预测期间(2019—2024 年)，复合年增长率(CAGR)为 30%。对人工智能驱动的客户支持服务、全渠道部署，以及降低聊天机器人开发成本的需求不断增长，成为该市场的主要增长动力。知识图谱技术补充了对话平台，降低了成本，扩展了聊天机器人和语音助手的对话自动化。聊天机器人在数字营销和广告等内容营销活动中不断发展，促进了对话式人工智能的发展。技术能力、个性化和定制化是加速市场增长的主要特征。聊天机器人能与客户协作、互动和接触，提供了个性化的营销能力[3]。

"2018 年聊天机器人状况报告"显示，只有 43%的消费者表示他们更愿意与人交流。大约 34%的人表示他们将使用机器人与人类员工沟通。因此，使用机器人的意愿是存在的，并且可以想象将两种选择相结合[4]。消费者更喜欢语音助手而非网站或应用程序，因为语音助手更方便(52%)；消费者不必动手就能进行多项任务和处理事情(48%)；语音助手可帮助消费者进行经常性购买(41%)[5]。基于人工智能的语音辅助(AI-voice)将很快成为所有数字设备的主要用户界面，其中包括智能手机、智能扬声器、个人电脑、汽车和家庭电器。截至 2019 年 1 月中旬，全球有超过 10 亿台设备配备了 Google 的

---

1 见[1]。
2 见[2]。
3 见[3]。
4 见[4]。
5 见[5]。

AI 语音助手[6]，另有 1 亿台设备使用了亚马逊的 Alexa——这两个数字都没有包括苹果、微软、三星等品牌的设备，或亚洲地区配备语音助手的设备。Juniper Research[7]预测全球语音助手市场将在未来 5 年以 25%的复合年增长率增长，到 2023 年将有 80 亿活跃语音助手(包括所有平台和设备)。在 2019 年 CES 展览会(世界领先的数字未来展览会)上，从互联家庭到互联汽车，AI 语音界面随处可见。

4.3　动机和解决方案

最近，语音到文本的理解取得了非常高的准确性，且将不断提高。尽管如此，聊天机器人和语音助手的当前用例仍集中在简单的问答解决方案上。与 Amazon Echo 或 Google Home 的对话经常以"抱歉，我不知道"结束，因为这些设备缺乏特定领域的知识。究其原因，此类设备的自然语言解决方案缺乏实体知识，如图 4.1 的示例中所示的 Restaurant 和 Roast Pork，因此无法给出今人满意的答复。

图 4.1　与当前聊天机器人和语音助手的典型对话

6　见[6]。
7　见[7]。

为支持前面介绍的聊天机器人和语音助手类型的场景，我们需要设计、实施和部署以知识为中心的解决方案，使对话界面能进行类似人类的对话。图 4.2 描述了这种针对聊天机器人和语音助手解决方案的内部流程。

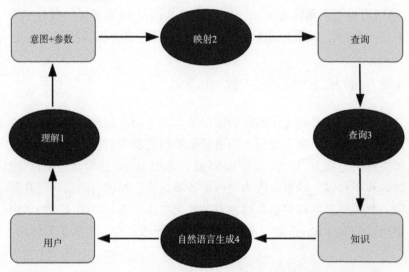

图 4.2 　以知识为中心的聊天机器人和语音助手的内部流程，启发式分类
(Clancey 1985)略显混乱

首先，用户无论以书面还是口头形式输入自然语言，都会经历一个自然语言理解步骤(理解 1)，这一步骤确定用户意图和参数。然后，意图需要被解析为一个操作，该操作通常翻译成一组查询(映射 2)，然后，可针对大量异构、分布式、动态和潜在不一致的语句执行该操作(查询 3)，以便识别相关的知识部分，用于以自然语言(NLG-自然语言生成 4)作为文本或语音生成用户答案；另见 Höffner et al.(2017)，Marx et al.(2015)和 Zafar et al.(2018)。

上述过程的每个步骤通常都需要大量的手动工作。例如，在当前的聊天机器人和语音助手中设置自然语言理解模块，需要由人类对话经理设计意图。他/她还需要提供示例问题(也称为话语)，识别参数，并在话语中标记参数。从映射意图和参数到查询，再到定义用户的答案，这些步骤也是如此。这种情况下，总体挑战是如何在上述过程中尽可能多实现自动化。关键在于，知识和知识的使用是解决这些挑战的唯一方法，可使聊天机器人和语音助手的内部流程自动化，从而提供有意义的对话，超越对话系统的当前水平。

在本节中，我们将介绍 Onlim。[8]这是一种以知识为中心的对话界面解决方案，遵循之前介绍的通用流程。我们将展示如何在技术上构建这样一个以知识为中心的解决方案，需要什么构建块，以及如何组合这些构建块。图 4.3 显示了两个主要的构建块，即对话平台和知识图谱平台。

图 4.3　以知识为中心的聊天机器人和语音助手的内部流程

对话平台支持聊天机器人和语音助手的整个生命周期，包括但不限于其设置和管理。从 Facebook Messenger(可集成在网站上的聊天机器人小部件)到语音渠道(如电话界面上的 Alexa 和 Google

---

8 见[8]。

Assistant)，该平台可在多种渠道上轻松部署对话智能体。对话平台包括对话模块和模板，供生成答案，管理对话和分析对话数据。对话平台的一个强大功能是可集成外部数据和服务，以及为对话插入内容和数据。

此对话平台由知识图谱平台中可用的知识提供支持。第二个平台依赖于以下的块：语义、知识图谱、算法和应用。

语义是该解决方案的支柱，可捕获数据的含义以及客户的领域信息。此外，语义可在自然语言的客户请求和与渠道相关的适当答案之间进行智能匹配。为用统一语义表示客户领域信息，我们使用语义技术，以领域模型的形式获取客户的行业特定信息。我们为每个定义信息或知识项的领域和行业部门使用这些模型。我们以schema.org 为基础建立模型。我们支持各种模式，定义一个统一模式，并将其他模式映射到其中。由于模型已是基于 schema.org 的模型，所以使用 schema.org 作为统一模式，并使用其他类型和属性进行扩展，以满足需求。[9]

知识图谱是一个自我描述的知识库，其中数据及其模式以图格式存储，数据之间的关系/连接是一等公民。这种数据表示允许灵活的数据建模，并降低数据集成的复杂程度(例如，仅通过在数据源之间创建新链接)，还允许应用广泛的应用程序和算法。为在知识图谱中获取知识，我们遵循 2.2 节中描述的知识创建方法，以多种数据源为输入。我们已实现了一个软件解决方案，它通过 API 以拉或推的方式从多种格式的内容源(如 XML、CSV 和 JSON)中检索数据，并基于 schema.org 和扩展，根据统一语义表示生成语义标注。概念映射建立在各种模式和我们的内部模式之间。以前的研究是在本体映射领域完成的,本体对齐是解决方案的基础(参见 Studer et al.1998; Staab 和 Studer 2010)。映射需要一种映射语言来指定概念映射，以及一个映射引擎来执行模式之间的映射；参见 Şimşek et al.(2019a)

---

9 见[9]。

和 2.2.3 节的第 3 部分。

　　在知识图谱上运行的算法包括推理、推荐、机器学习和文本理解等。因为实体语义表示以及实体之间的关系表示为知识图谱的一部分，各种复杂性的推理算法(如基于规则的推理、OWL/RDFS 推理或这些方法的组合)都可用于推理知识，丰富知识图谱。这通过创建和推理新关系来增加知识(例如，通过位置映射来识别酒店，其中也包括餐厅)。另一种可应用于知识图谱上的算法是推荐算法。我们利用数据结构和语义，以实体和操作的形式为聊天机器人和语音助手生成知识，并将其与个性化相结合。从各种来源(如 Facebook 个人资料或 CRM 系统)提取的个人资料信息被表示为规则，用于识别相关内容，并将其以个性化形式发送给用户。这会带来更多相关内容、更多的有趣事实，在短期内为用户提供更好的推荐，为内容供应商带来更好的结果，且随着时间的推移，实现更智能的聊天机器人系统。最后，知识图谱结构可用于支持文本理解和机器学习算法。这里使用知识图谱为自然语言理解服务(如 Dialogflow[10])提供训练数据。我们可自动从知识图谱训练数据中获取实体识别(例如，Telfs 是一个村庄)，并提供(半)自动生成的意图和示例问题。对话是指基于模板或基于规则的描述，描述聊天机器人如何与用户交互以提供与上下文相关的答案(例如，基于用户资料的价格)、操作的调用(预订带有后续问题的酒店)或两者结合(例如，如果天气允许，周末可进行哪些户外运动)。

　　应用(更准确地说，是聊天机器人和语音助手)从知识图谱中获取知识，以便更好地回答人类用户的自然语言查询，并与他们进行有意义的对话。

　　重温图 4.1 中的示例，查看知识图谱如何帮助聊天机器人和语音助手理解人类用户在自然语言请求中表达的目标。图 4.4 说明了该过程的不同步骤，包括理解用户请求到生成和执行针对知识图谱

10　见[10]。

的查询，再到为用户生成答案。如果一个旅游知识图谱包括旅游实体(如餐馆，餐馆烤猪肉的报价)以及与实体相关的可执行操作(例如，预订一张桌子)，就可帮助导出意图和参数。例如，可为 Restaurant 类型的实体生成意图 TableReservation。通常情况下，餐馆和组织可在知识图谱中连接到其他 Offer 类型的实体(例如，Offer 烤猪肉)。

图 4.4　使用知识图谱让聊天机器人和语音助手(如 Alexa)更智能

此外, 知识图谱可通过将实体从知识图谱(如 Hofbräu Bierhaus NYC)推送到 NLU, 或为意图生成示例问题, 来改善对 NLU 的理解。知识图谱还可根据用例生成限制对知识图谱的查看/访问的规则。这些规则与 NLU 提取的意图和参数一起用于生成针对知识图谱执行的查询。最后, 知识图谱可生成答案、文本答案或后续问题的模板, 从而运行对话。

4.4 旅游用例

此处将列举知识图谱的用例, 作为基于对话访问旅游领域信息和服务的一种手段, 即旅游聊天机器人和语音助手使用知识图谱, 更好地理解自然语言对话。[11]我们将介绍不同的应用场景, 并描述必须借助知识图谱技术实现的需求。

聊天机器人和语音助手已开始在各个垂直领域的客户沟通中发挥越来越重要的作用。特别是在旅游业中, 它们在便利性、可用性和快速获取信息和客户支持方面的优势越来越明显。[12]在规划阶段, 酒店和目的地管理组织(destination management organization, DMO)可通过聊天机器人和语音助手向潜在客人提供有关酒店和地区、周围环境和天气的信息。在预订阶段, 从预订酒店和交通到购买相关服务(例如滑雪票), 所有这些都通过使用自然语言变得更加简单和高效。最后, 在体验阶段, 聊天机器人和语音助手还可介绍特别优惠或活动。所有请求的信息和流程都全天候可用。特别在为酒店客人提供服务时, 可通过为他们提供酒店服务及其他服务来丰富住宿体验。最近, 亚马逊为酒店运营商推出了一个项目[13], 可帮助客人获得客房服务、配置酒店房间的温度和灯光、设置叫醒电话, 甚至

---

11 注意, 旅游业是全球范围内最重要的经济垂直领域之一, 占 2017 年全球 GDP 和总就业人数的 10%左右(WTTC 2018)。

12 见[12]。

13 见[13]。

连接账号，以收听音乐和有声读物。

最后，有关房间、设备、附加服务等的客户支持问题，将以完全自动化的方式进行回答。有人可能会说，移动应用程序中也有类似功能，但这些应用程序的主要缺点是它们每个都专注于不同方面，人们需要花费一定的时间来了解每个应用程序是如何工作的。聊天机器人和语音助手使用人类最自然的交互方式，即自然语言(作为语音或书面文本)，提供更直接的方式来访问相同的功能。

因此，旅游聊天机器人和语音助手有望回答不同性质的问题，例如"这座城市最受欢迎的景点是什么？""这个周末有什么活动？""积雪多深？""在 Tyrol 餐厅为我预订今晚的双人餐""我想找一个有一定难度的骑行地，且途中提供小屋"等。为正确回答所有这些类型的问题，并执行预订等任务，聊天机器人和语音助手需要内容、数据和服务的机器可处理(语义)的标注。需要一种结构，这种结构以机器可处理的形式，根据实体以及相互关系，对旅游领域的知识进行编码。知识图谱就是这样一种结构，提供了集成各种异构旅游信息源的技术手段，如住宿、兴趣点(point of interest，POI)、[14]事件和体育活动地点。在知识图谱的帮助下，聊天机器人和语音助手不仅可完成简单的问答任务，还可支持相当复杂的交流/对话。

应用前几节介绍的原理、方法和工具，我们构建了一个旅游知识图谱，集成了来自不同供应商的多个内容、数据和服务来源。

- 封闭源：feratel[15]、General Solutions[16]、Intermaps[17]、Outdooractive[18]和 Verkehrsauskunft Österreich[19]

---

14 Athanasiou et al.(2009a)描述了一种在开放、异构和分布式数据源中集成 POI 数据的非常有趣的方法。此处描述的方法更侧重于专有数据源，但这种技术方法的某些方面也可在这种更简单的设置中重复使用。

15 见[15]。

16 见[16]。

17 见[17]。

18 见[18]。

19 见[19]。

- 开源：DBpedia[20]、GeoNames[21]、OpenStreetMap[22]、和 Wikidata[23]

由此产生的旅游知识图谱为奥地利 Tyrol 旅游区的几个聊天机器人和语音助手提供支持。Seefeld 试点[24]专注于集成封闭的数据源，即来自 feratel、General Solutions、Intermaps 和 Outdooractive 的数据源。该用例适用于 Olympiaregion Seefeld。对于这个用例，我们还关注更高级(复合)问题的问答。例如，"去越野滑雪时，我可在哪里吃到传统的 Tyrol 美食？"(见图 4.5)。

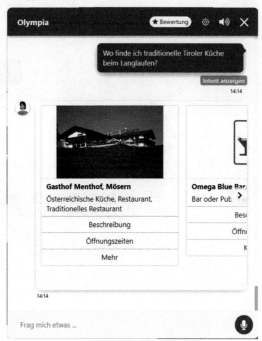

图 4.5　Seefeld 试点

20　见[20]。
21　见[21]。
22　见[22]。
23　见[23]。
24　见[24]。

Serfaus-Fiss-Ladis 旅游区希望用户不仅可交流具体的旅游数据，还可查询该地区的常识。对话界面可处理结合了封闭和开放数据集的问题。例如，"Serfaus 有多少居民？"或"可提供 Serfaus 到 Via Claudia Augusta 的交通信息吗？"(见图 4.6)。

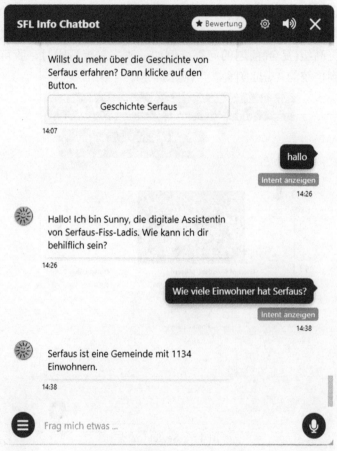

图 4.6　Serfaus-Fiss-Ladis 试点

所有这些试点和用例的共同点在于，需要集成来自多个异构静态和动态源的数据，需要为这些数据跟踪出处(如数据所有者、时间有效性或集成过程)，并维护一个共享的演化模式。知识清洗和丰富也保证了一定质量的旅游知识。最终目标是通过提供丰富的意图和实体管理(如自动化 NLU 训练)、通过知识图谱进行问答并支持高级对话(例如通过操作、建议或后续对话引导用户)来基于知识图谱优化对话界面。

具体需求如下。

(1) 集成来自多个来源的数据：所有用例和试点的共同点在于，需要组合来自不同来源的数据，并将其集成到一个连贯的数据模型中。此外，未来将添加新的数据源。以一个大型知识图谱的形式表示信息(事实以及彼此之间的关系)似乎很自然，也提供了必要的灵活性来集成新的数据源，并用新的关系丰富现有信息。这还需要为现有数据源和新数据源创建并维护一个大型数据模式，并验证模式和数据是否一致，以及导入的数据是否符合我们的模式。

(2) 静态信息和动态信息：数据源可提供静态信息(如地理位置、名称、类别)，也可提供动态信息(如当前天气、开放的滑雪缆车、酒店价格或交通信息)。因此，解决方案必须能通过组合知识图谱中的更新，并通过指定服务来获取当前信息和最新信息，以此处理和表示此类动态信息。

(3) 表示事实和可用的服务/操作：知识图谱不仅需要包含事实，还需要包含对操作和服务(活跃数据)的描述。例如，给定酒店领域，我们不仅需要表示和搜索酒店信息，还需要描述与酒店相关的操作，例如预订酒店房间或酒店提供的附加服务。服务描述不仅应包含服务类型，还应包含允许调用此类服务的所有信息，包括服务协议的描述、必需参数、可选参数以及响应信息。

(4) 清洗和丰富现有知识：知识图谱必须被进一步清洗和丰富。清洗步骤通常包括处理重复信息、实体解析、链接和检查引入的不一致(例如，同一家酒店的不同营业时间集)。下一步，通过在实体之间创建新关系，进一步丰富知识。首先，这样做是为了添加缺失的链接(例如，向酒店添加预订服务或向地址添加地理位置信息)，其次，是为了使用额外链接和新链接连接实体(例如，根据某些预定义的措施，在酒店和餐馆之间添加 inWalkingDistance 链接)。

(5) 跟踪数据源的来源。在生成的知识图谱中跟踪和表示原始数据源的来源信息非常重要。来源信息必须包括数据提供者、时间信息(例如，数据有效性)和应用的映射。通常用例要求仅使用整体数据源的一部分。这要求我们使用来源信息，并限制对对话的知识图谱的查询访问。

(6) 支持和驱动对话。知识图谱用于支持和指导交流/对话。第一步，从知识图谱中提取事实并训练 NLU 引擎(如 DialogFlow)，以理解对话中的用户输入(实体和意图)。第二步，查询知识图谱以获取所请求的用户信息(例如，"列出 Seefeld 的所有酒店"或"Seefeld 周末天气如何？")。知识图谱还可用于指导和驱动对话，例如，指导用户完成预订流程、提供建议，或建议后续操作(例如，在用户预订活动后预订酒店房间)。

(7) 关注特定的对话方面。另一个特定于用例的要求是关注对话界面的特定方面或特征。这可能是寻求缺失的必需参数或可选参数直到操作完成，或者提供意见和进一步的建议，来引导用户完成操作。

我们在本节中介绍的试点已经得以实施，并用于测试和验证知识图谱的使用，以便更好地理解自然语言对话，理解旅游聊天机器人和语音助手的知识访问。

4.5 能源用例

在能源领域，假设由知识图谱驱动的聊天机器人和智能个人助手与能源公司的客户展开全面对话，对话主题与其产品和服务相关。更准确地说，用知识图谱中建模的有关能源产品、关税、位置和服务的正式知识，扩展和增强聊天机器人和智能个人助手的语言理解。为在该领域中验证和测试方法，我们正在为奥地利及其地区最大的能源和公用设备供应商开发几个试点项目，例如 Wien Energie、Energienetze Steiermark 和 Wiener Netze。在本节的其余部分，我们将描述 Wien Energie 和 Energienetze Steiermark 试点。

Wien Energie[25]试点项目专注于构建和使用知识图谱，使其可捕获有关 Wien Energie 提供的各种产品和服务变体的知识。我们已为 Wien Energie 开发了一个聊天机器人解决方案，称为 BotTina，可在 Facebook Messenger 上使用，也可在 Wien Energie 网站上集成聊天机器人组件。通过使用知识图谱，我们能更好地构建聊天机器人的内部机制，减少意图的数量，最重要的是，提高对话质量。

Wien Energie 知识图谱包括有关维也纳市电动汽车充电站(也称为 EV 充电站)的信息。为模拟 EV 充电站，我们扩展了 schema.org 词汇表，增加了其他类型和属性。使用扩展可对信息进行建模，例如 EV 充电站的不同类型的插头、电压、功率、地址和地理坐标，以及可接受的支付方式。目前，我们正在将模型与该领域的其他方法相结合，例如 MobiVoc-Open Mobility Vocabulary[26]。

知识图谱由从 Wien Energie EV 充电站 API 接收的数据填充，可通过在线门户 Tanke-WienEnergie 访问相同的数据[27]。然后根据我们开发的扩展 schema.org 模型将数据提升为语义表示，并将其推送到 Wien Energie 知识图谱中。我们不仅考虑静态数据，还考虑动态数据，例如，知识图谱还需要包含可用插头的数量、等待时间和优惠等。使用知识图谱可帮助聊天机器人回答以下问题："主站周围有 11kW 的 2 型充电站吗？"或"现在有多少可用的 2 型插头？"(见图 4.7)。

25　见[25]。
26　见[26]。
27　见[27]。

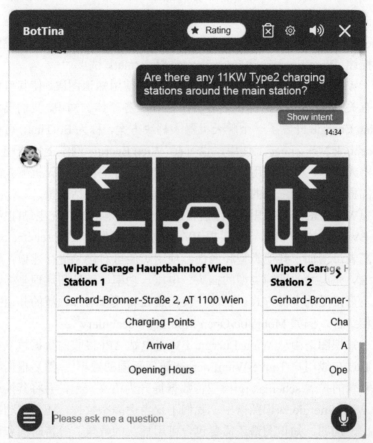

图 4.7　Wien Energie Pilot——基于知识图谱中构建的 EV 充电站聊天机器人答案

　　Wien Energie知识图谱还包括 Wien Energie 向其客户提供的不同能源的信息，涵盖包括沼气、风能、太阳能和水能在内可再生能源和不可再生能源。Wien Energie 提供多种基于此类能源的产品。所有这些产品、报价和能源都被建模并包含在 Wien Energie 知识图谱中。使用知识图谱的这一部分能帮助 Wien Energie 聊天机器人回答复杂的问题，例如，"哪些关税基于可再生能源？"或"哪些天然气关税有价格保障？"

Energienetze Steiermark[28]试点项目专注于构建和使用知识图谱，使其可获取有关 Energienetze Steiermark 提供的各种产品和服务的知识。Energienetze Steiermark 是一家奥地利能源和公用事业供应公司，该公司在整个奥地利的电力、天然气和热力领域开展业务，重点是奥地利 Styria 州。与 Wien Energie 一样，Energienetze Steiermark 已得到一个聊天机器人解决方案。在 Energienetze Steiermark 网站上可查询到这款名为 Herr Ewald 的聊天机器人。该试点的重点是建模和集成有关 Energienetze Steiermark 的产品、能源、服务、优惠和合作伙伴的知识，并使这些知识可用于驱动 Herr Ewald 聊天机器人的增强版本。图 4.8 概述了用于建模 Energienetze Steiermark 领域而引入的顶级类型。

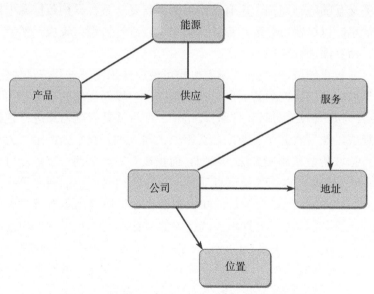

图 4.8　Energienetze Steiermark 领域模型顶级类型

Energienetze Steiermark 知识图谱的重要部分包括有关其各种产

28　见[28]。

品和服务的信息。燃气加热器、锅炉、热水泵以及高压、中压和低压电网只是 Energienetze Steiermark 提供并在其知识图谱中建模的少数产品。

使用知识图谱可帮助增强版本的聊天机器人回答诸如"Bösch 的下一个合作公司在哪里？"或"在 Leibnitz 有 Bösch 的合作公司吗？"的问题。

4.6 更多垂直领域

书中描述的用于构建、实施和管理知识图谱的方法和工具适用于多个领域，也适用于人类通过对话界面与聊天机器人和智能个人助手交互的各种用例。所有这些用例都需要从各种异构数据源中提取信息，以机器可处理的形式提供知识，进行协调、集成，然后通过对话界面进行访问。

在教育领域，学校和大学等机构可使用知识图谱进行信息建模，信息内容包括研究项目、所讲授的不同学科以及提供的教育和相关服务(例如图书馆访问和打印)。此外，可对常见问题信息进行建模和集成，然后将其用于驱动教育聊天机器人和智能个人助手。为在教育领域验证和测试方法，我们目前正在开发如下两个试点项目。

- 因斯布鲁克大学试点项目，专注于构建关于因斯布鲁克大学提供的研究项目的知识图谱。知识图谱用于改善与不同研究项目、科目和考试相关的对话。基于知识图谱中建模的实体和关系，创建动态意图，以从知识图谱中查询内容，并回答诸如"哪些研究项目是生物学院提供的？"或"商法硕士课程需要修多少个学期？"的问题。

- 维也纳大学(UniWien)试点项目，重点是建模和集成内部数据源以及教育和连接服务，例如打印、扫描、收费、订购以及终端的使用。另一个主题是校园一卡通及其访问服务的用途。知识图谱还可更好地为不同角色(即学生、大学员

工和外部用户)构建 FAQ。UniWien 聊天机器人可回答诸如
"我的一卡通可使用哪些服务？"或"学生的印刷费用是
多少？"的问题。

在金融领域，我们开发了 Wiener Börse 试点项目，侧重于建模
有关维也纳证券交易所可用的公司、股票、债券和指数的知识。[29] 特
别之处在于，该试点项目正在实时访问数据。要使聊天机器人和智
能个人助手能提供准确、最新的信息，高频数据至关重要。聊天机
器人能回答诸如"X 的股价是多少？"和"哪些股票损失最大？"
的问题。

最后一个领域是零售，基于知识图谱的聊天机器人和智能个人
助手将从根本上改变电子营销和电子商务流程。通过使用书面或口
头形式的自然语言，通过直接与零售聊天机器人和智能个人助手进
行自然对话，客户将能直接搜索满足其需求的产品，然后进行购买。
Wortmann 试点项目侧重于基于对话的服装和鞋类产品访问，对有
关产品目录、产品库存、商店和连接服务的信息进行建模，并将其
集成到 Wortmann Schuh Holding KG[30]的零售知识图谱中。知识图谱
改进了现有 Wortmann 聊天机器人的对话。更准确地说，它通过回
答与 Wortmann 产品或电子商务流程相关的更复杂问题来支持
Wortmann 聊天机器人。

4.7　小结

从对话式 AI 的市场数据中可明显看出，聊天机器人和智能个
人助手正在成为访问信息的主要界面。然而，在没有知识的情况下，
这些对话智能体的能力是有限的。在本章中，我们介绍了 Onlim，
一种基于知识的对话 AI 解决方案。我们解释了知识图谱可从哪些
方面改进对话界面，并展示了几个现实世界的应用程序。我们展示

29　见[29]。这是中欧、东欧和东南欧最古老、最成熟的交易所之一。
30　见[30]。欧洲领先的鞋类和服装生产和分销公司。

了旅游和能源垂直领域的示例，展示了解决方案如何扩展到教育、金融和零售等更多垂直领域。试点项目涵盖不同的领域，需要方法和工具来处理与知识图谱相关的数据模型、数量和速度。它们为验证知识图谱的构建、集成、管理、治理、访问和使用提供了基础，从而驱动聊天机器人和智能个人助手。

第 5 章

结　　论

通过本书，我们旨在回答三个基本问题：什么是知识图谱？如何构建和访问知识图谱？为什么知识图谱很重要？

我们详细阐述了知识图谱的几种可能定义，并将大量相互关联的数据确定为知识图谱的核心特征，知识图谱试图将这些数据转化为知识。这大幅超越了任何传统的 AI 方法。我们详细描述了构建、托管、管理和部署知识图谱的几种方法，并展示了这些方法在基于对话信息访问中的用法，从而彻底改变了人类的信息访问方式。我们还描述了电子旅游及其他领域的应用。

理解知识图谱的一个关键问题在于回答知识图谱是不是一种新现象。一方面，知识图谱不是新技术。语义网络出现在 20 世纪 60 年代，是连接知识片段的一种手段，并建立了知识表示领域(Brachman 1990)和基于知识的系统(Akerkar 和 Sajja 2010)。另一方面，由于规模和侧重点至关重要，因此知识图谱又是一个相当新的现象。传统的 KR 系统将事实性知识和术语性知识相互分离，前者放在 ABox 中，后者放在 TBox 中。KR 系统的重点是详细说明 TBox，ABox 一般是用于说明方法的一小部分事实。实际上，AI 在 20 世纪 80 年代通常采用沙盒方法。基于知识的系统将知识库中的事实数量略微提高到数万，在 CYC 的情况下，甚至可提升到数百万(Lenat 1995)。尽管如此，重点仍是保证这些事实的完整、简洁、一致和正确，与平均大小的知识图谱捕获的数十亿甚至数万亿事实相比，数以百万计的事实就显得微不足道(见图 5.1)。

这不仅是规模问题。数量的增加往往伴随着质量的变化。随着规模的扩大，数据固有的异质性使得公理和约束变得不再可行。来自不同背景和来源的数据确实在本质上反映了不同的观点，如果我们试图通过单一的公理和规则来表达它们的含义，且不能立即做到这一点，就很容易导致矛盾。想要在相互交织的数据层解决这些不一致问题，既行不通，也不可扩展，而且在概念上也不是正确的方法。在现有知识图谱上构建有意义的异构、分布式、领域和任务特定的TBox 似乎是一种必要的方法，且令人兴奋(可参见 Töpper et al. 2012；Socher et al. 2013；Galárraga et al. 2013；Galárraga et al. 2015；Paulheim 2018a)。人们可将其称为微型TBox，参考CYC的微观理论(Guha 1991)，然而，不需要将其用作(语义)数据湖的结构(参见图 5.2 和第 3.3 节)。

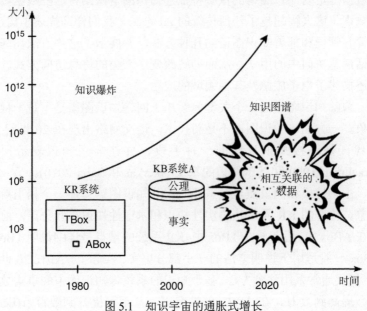

图 5.1　知识宇宙的通胀式增长

这一领域和特定任务的视图层实际上是将相互关联的数据转化

为知识的地方。以"基于特定任务解决问题"的方法为基础构建知识访问层，使 Alberta 州 Banff 市的知识获取系列研讨会获得大量帮助[1](可参见 Schreiber et al.1993、Eriksson et al.1995、Fensel 2000)，成为构建知识图谱系统(knowledge graph system，KGS)的一种手段。对这些人工制品进行建模和设计需要一个新的大规模知识科学领域，可称为(计算)知识科学[2]，并对现有教育课程产生影响。这也是传统 AI 技术的切入点。可根据对这些数据采取的特定视图，通过适当的约束、规则或公理来丰富和压缩大量事实。

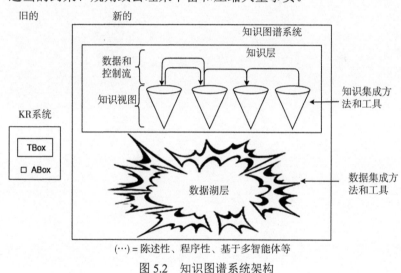

(…) = 陈述性、程序性、基于多智能体等

图 5.2　知识图谱系统架构

　　未来，我们预计知识图谱很快会增长到数万亿甚至更多的事实。物联网可能很快也会添加大量数据[3]，这对处理这些数据的方法提出了苛刻要求。即使在乐观的情况下，Paulheim(2018b)也估计会有数十亿美元的相关成本。通过开发可扩展的科学、工程方法和框架，在保持规模的同时不增加成本，是知识图谱系统发展成功的确切要求。

1　见[1]。

2　由 Juan Sequeda 创建，参见[2]。

3　参见 Springer 的物联网系列[3]。